普通高校体育选项课系列教程

网球

孔斌　张振　主编

复旦大学出版社

编纂委员会

主　编

孔　斌　张　振

副主编

陈建强　盛珍珍

编　委

魏　琳　杨至刚

　　网球运动作为现代一项高雅运动,越来越受到人们的喜爱。近些年,我国网球健儿在国内外高水平赛事中接连取得佳绩,职业赛事不断在中国举办,参与人数骤增,网球学习氛围更加浓厚,推动了中国网球运动的发展,同时也促进了网球运动在我国全面健身事业中发挥重要作用。

　　网球运动在高校的发展同样迅猛,作为大学公共体育教学的热门课程,网球课程深得大学生们的喜爱。

　　本书可作为普通高等院校的网球课程教材,其特点在于能从提高网球教学效果出发,从有利于学生掌握网球技能出发,从有利于学生课外自学出发,从有利于学生接受网球文化出发精心编写,内容丰富,章节布局合理,图文并茂,便于教学。

　　本书共九章,内容包括网球运动概述、网球运动基本理论、网球运动基本技术与练习、网球运动基本战术、网球比赛心理与调节、网球比赛、网球运动身体素质练习、网球运动常见损伤与预防、网球运动营养与饮食。为更好地适应网球教学的需要,本书吸取了当今网球发展的最新理论,内容注重实用性和可参考性。围绕学习和练习两个重点,帮助学生学会基本的网球运动技能并能够运用到实践中,激发参与网球运动的兴趣,最终使其养成良好的锻炼习惯和健康的生活方式,达到终身受益的目的。

　　本书在编写过程中虽然经过多次修改,但限于学识水平有限,难免有不妥之处,敬请读者批评指正。

第一章 网球运动概述

第一节 网球运动的起源与发展/1
第二节 中国网球运动概况/4
第三节 网球运动特点与价值/8

第二章 网球运动基本理论

第一节 网球运动的击球原理/11
第二节 击球动作的环节/15
第三节 网球的性能/15
第四节 控球能力/19

第三章 网球运动基本技术与练习

第一节 握拍法/22
第二节 球性与球感/26
第三节 移动步法与击球步法/37
第四节 正手击球/50
第五节 反手击球/60
第六节 发球/70
第七节 接发球/80
第八节 截击球/84
第九节 高压球/95
第十节 削球/105
第十一节 挑高球/113
第十二节 放小球/117
第十三节 反弹球/120

第四章 网球运动基本战术

第一节 网球的三种打法类型/124
第二节 网球初级战术/125

第三节　网球单打战术/126
第四节　网球双打战术/131

第五章　网球比赛心理与调节

第一节　网球运动员比赛心理与调节/138
第二节　普通网球爱好者比赛心理与调节/142

第六章　网球比赛

第一节　网球场地/145
第二节　网球运动基本装备/147
第三节　网球比赛规则/152
第四节　网球竞赛裁判法/165
第五节　网球竞赛编排方法/172
第六节　观看网球比赛的礼仪/174
第七节　国际网球组织及主要赛事介绍/176

第七章　网球运动身体素质练习

第一节　身体素质的构成、作用及训练要求/181
第二节　提高身体素质的方法/183

第八章　网球运动常见损伤与预防

第一节　网球运动中产生损伤的原因与种类/188
第二节　网球运动损伤预防/192

第九章　网球运动营养与饮食

第一节　营养的概念/194
第二节　网球比赛中运动员的能量供应特点及饮食营养原则/196

第三节 网球爱好者参与网球运动的营养与补充/198

第四节 网球运动与补水/199

附 录

一、网球中英文对照表/201

二、当今世界流行等级体系/205

三、美国 NTRP 网球等级标准/207

四、中国网球协会网球运动技术等级标准/209

参考文献/210

第一章 网球运动概述

学习目标

1. 了解网球运动的起源、发展以及中国网球运动的发展。
2. 理解网球运动的特点与价值。

第一节 网球运动的起源与发展

网球与高尔夫球、保龄球、桌球并称为世界四大绅士运动。它的起源可以追溯到12—13世纪的法国,当时在传教士中流行着一种用手掌击球的游戏,方法是在空地上两人隔一条绳子,用手掌将布包着头发制成的球打来打去(见图1-1-1)。这种运动不仅在修道院中盛行,而且也出现在法国宫廷。法国国王路易十世在位时,宫廷中就经常进行这种以消遣为目的的网球运动。

图1-1-1 14世纪板刻中展示的一位男士和女士在用手掌击球

图1-1-2 16世纪的法国贵族在打室内网球

1358—1360年,这种供贵族玩的古式网球从法国传入英国,英国爱德华三世对网球发生很大兴趣,下令在宫中修建一片室内球场。当时球拍的拍面改装成羊皮,球由布面改成皮面,球的大小、重量没有详细记载。15世纪发明了穿弦的球拍,16世纪古式室内网球成为法国的国球(见图1-1-2)。以后,古式室内网球有了自己的规则。在欧洲,尤其是英国得到了较好的开展。

近代网球起源英国。1873年,会打古式网球的英国少校 M. 温菲尔德(Walter Clopton Wingfield),在羽毛球运动的启示下,设计了一种适用于户外的、男女都可以从事的网球运动(见图1-1-3),当时叫作司法泰克(Sphairistike,意思为击球的技术)。1875年,随着这项运动在"8"字形球场上风靡起来,全英槌球俱乐部在槌球场边另设了一片草地网球场,紧接着,古式网球的权威组织者玛利博恩板球俱乐部为这项运动制定了一系列规则。从此,草地网球正式取代了司法泰克。1877年,在英国伦敦郊外温布尔登设置了几片草地网球总会,草地网球在英国得到了进一步的开展(见图1-1-4)。同年7月,举办了首届草地网球锦标赛,即温布尔登第一届比赛。亨利琼斯同另外两个人为这次比赛制定了全新的规则,他本人担任了比赛的裁判。当时的球场为长方形,长23.77米,宽8.23米,至今未变。发球线离网7.92米,网中央高度为0.99米。发球员发球时,可一脚站在端线前,另一脚站在端线后,发球失误一次而不判失分。采用古式室内网球的0、15、30、45每局计分法。可以说,亨利琼斯是现代网球的奠基人。

图1-1-3 温菲尔德少校

图1-1-4 1900年的女子草地网球活动

1881年,世界上产生了第一个全国性网球协会,即美国全国草地网球协会。该协会当年8月31日至9月3日,在罗得岛纽波特港举行第一届美国草地网球的男子单打和男子双打锦标赛,采用了温布尔登的比赛规则(见图1-1-5)。参加比赛的有26人。单打冠军是理查兹西尔斯(他连得7年冠军),双打冠军是克拉克与泰勒。

图1-1-5 20世纪初的奢华网球活动

1887年,美国开始举行草地网球女子单打锦标赛;1890年,举行女子双打锦标赛;1892年,举行混合双打锦标赛。因当时的美国总统西奥多·罗斯福(1901—1909 期间任美国总统)爱上了网球运动,他不仅积极支持修建网球场,举行网球比赛,而且还经常邀请陪同他骑马散步的朋友们在白宫球场上打网球,所以人们称他为"网球内阁",由此美国的网球运动得到了空前的发展。在两次世界大战中,全世界的网球都停赛了,唯独美国没有停下来。相反,美国的网球运动还出现了令人惊异的高峰时期,竟有 4 000 万人参加网球运动(见图 1-1-6)。

图 1-1-6　1921 年温布尔登网球比赛

1878 年以来,草地网球已由英国的移民、商人和驻军等传至全球,如加拿大(1878 年)、斯里兰卡(1878 年)、捷克斯洛伐克(1879 年)、瑞典(1879 年)、印度和日本(1880 年)、澳大利亚(1880 年)、南非(1881 年)。

图 1-1-7　苏珊·朗格(Suzanne Lenglen,法国)在比赛中

当时,爱好网球的人士绝大多数是富裕的资产阶级,他们有条件在自家的草坪上随时设置网球场,作为他们社交活动的场所。在 19 世纪 90 年代中期,网球进入了初步发展的阶段,许多国家和地区组织了网球协会,并定期举行比赛。

1913 年 3 月 1 日,在法国的巴黎成立了世界网球的最高组织——国际网球联合会。它的成立为网球的进一步发展开辟了一条更加广阔的道路(见图 1-1-7)。

1896 年在雅典举行的第一届奥运会上,网球的男子单打、双打被列为正式比赛项目。后来,由于国际奥运会和国际网球联合会在"业余运动员"的定义上有分歧,已经连续七届奥运会都举行的网球比赛被取消,直到 1984 年的洛杉矶奥运会上,网球被列为表演项目。1988 年的汉城奥运会上,网球重新被列为正式比赛项目。

除了 20 世纪 70 年代的采用的"抢七"(tiebreaker)外,1890 年至今,网球规则的变化很小。近几年的变化就是在职业比赛中增加鹰眼,又称"即时重放"(instant replay)系统,以判定有争议的球。

1968 年是网球公开赛时代的起始年份。这一年,在英国伯恩茅斯举行了第一次业余与职业球员都可参加的公开赛——不列颠硬地网球锦标赛,从而开创了网球公开赛的时代。同年,温布尔登网球锦标赛和法国网球锦标赛都允许职业球员参赛,澳洲网球锦标赛也于 1969 年允许职业球员参赛。美国于 1968 年和 1969 年分别举行了业余和职业的网球锦标赛,规定业余球员可以参加职业赛事,但职业球员不能参加业余赛事。到了 1970 年,业余赛和职业赛合并为一个赛事,成为真正的公开赛。而大满贯赛事先后改称为温布尔登网球公开赛、法国网球公开赛、美国网球公开赛和澳大利亚网球公开赛,简称为"温网""法网""美网"和"澳网"。

20 世纪 70 年代以后,网球运动得到了快速发展。网球运动发展较快的主要原因有如下几点:第一是允许职业选手参加温布尔登等锦标赛,开创了职业网球巡回赛的先河,取消了职业选

图1-1-8 著名网球运动员费德勒(瑞士)

手和业余选手的界限,增加了大赛的激烈程度和热烈争夺的气氛,从而促进了运动员技术水平的提高,吸引了广大网球爱好者从事该项运动的热情和观看、评论网球比赛的积极性。第二是科技在球拍等器材制造中的应用,促进了先进器材的生产、技术水平的提高,造就了一批年轻的优秀选手,从而促进了网球运动向前发展(见图1-1-8)。

进入20世纪90年代后,网球的发展有这样几个特点:一是普及,至2022年,在国际网联注册的国家和地区会员有210个;二是水平高,争夺激烈;三是随着器材的改革,尤其是球拍的研制,网球将向着力量、速度型方向发展;四是随着网球各种大赛奖金的不断提高,网球的职业化、商业化程度越来越高。总之,作为世界第二大运动的网球运动将以其无比的魅力和不断发展的技术赢得越来越多的爱好者和观众。

第二节 中国网球运动概况

19世纪中叶,中国陆续开放了一些沿海通商口岸,西方的官员、商人、传教士和驻军络绎而至,网球运动由他们带进中国。1843年,上海被辟为商埠对外开放,西方人士纷至沓来。1860年,英法联军侵华,英军占领天津紫竹林作练兵场,随后逐渐增设田径场、足球场及网球场,这是中国建立网球场的最早记载。1876年,上海以外侨为主的网球总会建造了两片草地网球场,这两片草地球场是上海最早的标准网球场。

在中国传播网球运动得力于基督教会。19世纪后叶,英、法等国先后在上海、北京、天津、广州、香港等到地创办教会学校。许多传教士和外籍教师喜欢打网球,他们的工作对象是青年学生,体育又是他们的主要运动,网球运动因此在中国兴起,甚至有些县城都建起了网球场。19世纪初20世纪末,中国的大学都有网球场,如上海的圣约翰大学、沪江大学、震旦大学,北京的燕京大学、协和医科大学,广东岭南大学,广州夏葛医科大学,苏州东吴大学,长沙雅礼大学,山东齐鲁大学,四川华西协和大学,浙江大学等。到了20世纪20年代,网球运动已在全国各地开展起来,一些公共体育场都有网球设施。1929年,国民政府公布《国民体育法》,要求"各自治之村、乡、镇、市必须设置公共体育场",并规定球类项目场地包括网球场。安徽等省明令要求:县公共体育场内网球场至少两个。这对推动网球运动在中国的开展起到了良好的作用。历史资料表明,国民政府时期,除边远地区外,中国各省市都有一些县城建成网球场,其中以学生和教师居多,还有外侨及当地社会上层人士。

1910年在南京举行的第一届全国运动会,共4项比赛,网球就是其中之一,另外三项是足球、篮球、田径。从第三届开始又增加了女子网球项目。1924年到1946年,中国选手共参加了6次戴维斯杯网球赛。

网球运动在中国兴起后,各大城市相继出现网球会和俱乐部组织,都是由一些社会团体和网球爱好者自发组成。这种组织在上海和北京最多,天津、青岛、太原、南京、武汉、广州、重庆、昆明、成都有一些。1931年,中华全国体育促进会组织成立中华网球会,参与比赛。19世纪30年代,上海网球运动开展得十分活跃,但仍以外侨为主。那时外国的球会有日本网球会、花旗总会、葡萄牙总会、法商总会、斜桥总会等。还有许多华人网球会,如万国、友谊、华光,以及银行、海关、邮局的网球组织。中华网球会由于有了邱飞海、林宝华等高手,屡屡战胜外国球员,多次夺得团体和单、双打冠军。

在上海,当时的法国总商会有草地和沙地球场25—30片,斜桥总会也有25—30片草地和沙地球场。现在的人民公园和人民广场是过去的跑马场,每年春季赛马结束后和秋季赛马开始之前的5—9月,都会将场地改成近百片网球场出租,虹口、胶州、汇山公署也在夏季出租球场。当时的上海,全年可使用的网球场达200多片。1933年,黎宝骏等在南京路、铜仁路口组建了设有灯光照明的中华体育会网球场,这是中国最早的灯光球场。众多的球会和球场,对于中国网球运动的发展起到了积极的作用。

图1-2-1　末代皇帝溥仪也是网球运动的爱好者

1938年,中国选手许承基作为8号种子选手参加了第58届温布尔登网球锦标赛,并在男子单打中进入第四轮,这是中国男子选手参加温布尔登网球锦标赛史上最好成绩。另外,他还蝉联了1938年、1939年英国营地网球锦标赛的两届单打冠军。

末代皇帝溥仪也是网球运动的爱好者之一,1927年他从北京迁居天津后的第一件事,就是修建网球场(见图1-2-1)。爱国将领张学良在西安事变发生后,被国民党当局秘密软禁在浙江奉化雪窦山。在这种特定的环境下,张学良由夫人于凤至陪同天天练习网球,锻炼身体,随时准备重返沙场。后来,他又先后被囚禁在安徽、江西等地。1938年10月至1939年年末,张学良又被囚禁在湘西沅陵凤凰山。在此期间,张学良上午打网球,下午去沅水江垂钓,以此消除软禁时心中的痛苦和愤懑(见图1-2-2)。

图1-2-2　1947年,张学良(右二)、赵一荻(右三)、莫德惠(右一)在住所的球场上打完网球后合影

1949年中华人民共和国成立后,部分网球场仍然开展活动,还经常组织一些小型的网球比

赛。1953年,在天津举行的四项球类运动会中就有网球比赛,这是中华人民共和国成立后的首次网球盛会,运动员都是老选手。在这次比赛中,上海队包揽了全部网球项目的冠军,后来这些队员成了我国网球事业发展的骨干力量。1956年,成立中国网球协会,定期举行全国网球等级赛,举办全国单项比赛。1958年,我国首次派代表团参加了在伦敦举行的温布尔登网球赛。

20世纪60年代初期,由于国家经济困难,全国性的网球比赛一度停顿。直到1964年才举办网球比赛,但在1966年后的几年间,网球比赛和活动都被取消。1972年才逐渐恢复开展活动,国家安排了一些网球比赛,但参与人数少,水平低。改革开放后,中国网球运动飞速发展。1979年,吕正义和中国网球代表团出访美国,第一次和ATP亲密接触,这也正值中国改革开放的开始,从这一刻起,中国网球开始和世界接轨了。

1981年7月,国际网球联合会在瑞士召开代表大会,确定中国网球协会为国际网球联合会会员,中国网球由此正式加入世界舞台。

90年代初,我国引进了国际大赛,举办全国巡回赛。1993年,开始尝试走职业化道路,1998年,建立了具有中国特色的职业化网球俱乐部,并举办网球俱乐部联赛。

这个时期,还应记住一个名字——李芳。她是第一位参加四大网球公开赛的中国选手、唯一闯入世界排名前五十位的选手,也是唯一走出国门,靠自己打球来养活自己的职业运动员。1992年,李芳进入澳网第三轮,这是中国选手征战大满贯赛的最好战绩,保持了12年之久。1994年,李芳进入法网第二轮,这是中国选手多年来征战法网的最好战绩,也保持了10年之久。

在当时看来,李芳的成绩和经历都称得上是中国网球选手中的"另类"。其实,此后很多中国网球选手都走上了跟她同样的路——世界网坛的发展已经证明:男子网球选手只有涉足职业选手协会(ATP)巡回赛,女选手只有踏进女子网球协会(WTA)巡回赛,才是走向世界的唯一出路。

在中国网球历史上,应该记上这一笔。2004年8月22日,雅典奥运会的网球比赛已经进入了最后一天,在女子双打的决赛中,中国网球运动新的一页终于打开,中国一号女双组合李婷和孙甜甜,经过1小时29分钟的激战,以两个6∶3战胜了2号种子西班牙名将帕斯库尔和马丁内兹组合,这是中国选手在奥运会上获得第一块网球金牌(见图1-2-3)。

图1-2-3 李婷和孙甜甜获雅典奥运会网球双打比赛冠军

图1-2-4 2006年郑洁、晏紫夺得澳网双打冠军

2006年1月27日,中国选手郑洁、晏紫在澳大利亚墨尔本公园击败澳网头号种子雷蒙德/斯托瑟(美国/澳大利亚),夺得中国网球运动员在四大满贯赛成年组双打比赛中的第一个冠军(见图1-2-4)。

2011年6月4日,在法国网球公开赛女单决赛中,我国选手李娜战胜了意大利名将斯齐亚沃尼,成为第一个获得网球大满贯赛单打冠军的亚洲选手,书写了中国网球的辉煌篇章。在2014年澳大利亚网球公开赛女单决赛中,李娜战胜斯洛伐克选手齐布尔科娃,再次夺得冠军,她也由此成为亚洲第一位两次获得大满贯单打冠军的网球选手,被称为"亚洲一姐"(见图1-2-5)。

在2013年7月7日的温布尔登网球公开赛女双决赛中,"海峡组合"彭帅/谢淑薇击败了澳大利亚组合巴蒂/德拉奎亚,夺得职业生涯首个大满贯冠军。同年10月,她们又夺得年终总决赛女双冠军。2014年2月17日,彭帅正式登上女双世界第一的宝座。2014年6月8日,她和谢淑薇夺得法网女双冠军,这是她的第二座大满贯冠军头衔。

近几年,中国男子网球竞技水平也获得连连突破。2022年美网正赛的首轮对决中,我国选手吴易昺以6∶3/6∶4/6∶0战胜31号种子巴希拉什维利,成为公开赛年代首位在大满贯男单正赛赢球的中国大陆球员。2022年10月,我国选手张之臻的世界排名

图1-2-5　2014年李娜夺得澳网单打冠军

首次打进前100,刷新了中国大陆男子网球历史单打最高排名。2023年2月13日,ATP250达拉斯站男单决赛中,我国选手吴易昺首次夺得巡回赛男单冠军,他成为公开赛年代首位夺得ATP巡回赛男单冠军的中国球员,世界排名升至第58位,创中国大陆男网历史新高(见图1-2-6)。

图1-2-6　2023年吴易昺夺得ATP250达拉斯站男单冠军

很少有一项体育运动像网球这样记录着中国发展变迁的轨迹:清末侵华英军将其带入,传教士将其推广,很长一段时间是"洋人"的游戏,此后又成为达官贵人的消遣。中华人民共和国成立后,网球是运动员的专利;改革开放后,网球成为高收入者的新宠;20世纪90年代后,网球已褪下"贵族运动"的外衣,走入寻常百姓家。

近十年来,尤其是90年代后期,我国部分省市相继引进一些高水平的国际赛事,尤其是2002年底开始的上海网球大师杯赛、ATP巡回赛等高水平网球赛事的举办(见图1-2-7),有力地推动了网球运动在中国的普及与发展,近年来,网球项目成为高校最受学生喜爱的项目之一,并于1994年举行了第一届全国大学生网球赛。网球在青少年中的普及率亦逐年提高,许多城市网球场遍布于学校和居民小区,参与网球项目的活动成为大众健身、娱乐、休闲首选。

图 1-2-7 举办 ATP 大师杯赛的上海旗忠网球中心

第三节 网球运动特点与价值

一、网球运动的特点

（一）激烈的竞争性

网球作为世界上第二大体育运动项目,几乎全年都有比赛。正式的网球比赛实行五盘三胜或三盘二胜,正常比赛的持续时间大都在 2—4 小时,甚至更多。运动员要想战胜对手,获得高额的奖金,必须最大限度地发挥自己的潜能。

（二）相对的安全性

网球运动是隔网进行的对抗项目,参加者没有身体接触,可以自由地使用各种击球技术,体现出安全与优雅、勇猛与随意。除接发球外,每次击球既可以迎击不落地的空中球,也可落地一次后回球。

（三）比赛的商业化

世界各大赛事充满了商业色彩,当今四大满贯比赛和不同级别的巡回赛、挑战赛奖金都多得惊人,在高额奖金刺激下,优秀网球选手的职业化、早期专项化训练、早期参赛等推动了网球训练的变革和技术水平的提高。

（四）技术的全面化

英国的温布尔登锦标赛是草地球场,法国网球公开赛是红土地球场,还有人造草地、合成材料的地毯等新型场地,多种不同性能场地的球速和弹跳规律不同,移动步法和调整方式也不同,要求运动员具有广泛的适应能力,这促进了运动员的技术更加全面。

二、网球运动的价值

网球运动作为隔网的健身运动项目,对增进人的体质、愉悦身心、发展智力、培养顽强意志品质等具有良好的作用。

(一) 全面锻炼各项身体机能,延缓衰老

身体素质是身体发育状况和生理功能状况的综合表现。长期的网球锻炼,可提高人的速度、力量、柔韧、灵敏等身体素质,从而提高人体的运动能力,对年龄较大的网球参与者而言可以大大延缓运动能力的下降。

网球运动对力量素质要求较高。由于网球拍比其他小球项目的球拍如乒乓球拍、羽毛球拍重,需要用更大的力量去完成击球动作。由此可见,一方面,力量是网球运动的基础;另一方面,网球运动促进了力量素质的提高。这也是网球运动员看起来比一般的乒乓球、羽毛球运动员更为强壮的原因。

网球是既有有氧又有无氧供能的运动,可以很好地发展耐力素质。职业网球比赛往往要打到 3—5 盘,耗时 2—4 个小时,运动量非常大,没有良好的心肺功能就难以胜任一场艰苦而又漫长的网球比赛。普通锻炼者,经常进行较长时间、具有一定强度的网球锻炼可以大大改善和提高人的心肺功能,进而提高人的耐力水平。

网球运动可以发展灵敏度。网球运动中,球的运动瞬息万变,这就需要练习者能及时根据来球的变化快速做出反应,及时采取相应的技术动作方法,这对发展人的灵敏度很有帮助。

由于身体各项机能经常得到锻炼,人体长期处于一个积极的、良性发展状态,这对控制体重、减少心血管疾病、预防骨质疏松、延缓衰老、保持生命活力等都有良好的作用。

(二) 休闲娱乐、陶冶情操、结交朋友

网球似乎是项令人上瘾的娱乐。在球场上积极奔跑、直线、斜线、正手、反手、上网截击,所有的一切都能给运动者带来无穷的乐趣,生理和心理会产生不同程度的愉悦感。随着生活节奏的加快、竞争压力的加大,焦虑、抑郁等不良心理状态的人群迅速扩大。业余时间,约上球友去网球场进行一番练习和对抗,无论是双打还是单打,人们通过满场奔跑,有力地击球、大声地吼叫或欢快的笑声,可以宣泄或缓解自己的压力和紧张,能给身心带来放松和愉悦,进而以饱满的精神和良好的状态投入到工作、学习和生活中(见图 1-3-1)。同时,通过沟通、切磋球技,可以进一步增进彼此的友谊,缩短了爱好者之间的距离。

(三) 培养人的心理品质

网球是一项需要全身心投入的运动,若是单打比赛,场上只有自己和对手,所有的问题和难题都要自己去面对和解决,从这一角度来说,网球运动也是一项智力对抗运动。每一盘比赛中,选手都要努力去了

图 1-3-1 打网球也是缓解压力的好方法

解对手的技术特点、习惯打法等,在比赛过程中又要根据比赛进程出现的一些情况调整自己的一些打法。为了获得每一分,选手都要高度集中自己的精神,每球必争。在关键的局点、盘点或赛点分时,选手如何沉着应战,抓住机会,更是对网球运动员的重要考验,这时,如果球员的心理素质良好的话,就可能赢下关键分,反之则可能一败涂地。因此,经常参加网球比赛,有助于锻炼意志、培养自信和临危不惧等优良心理素质。

(四)具有独特的欣赏价值

与其他体育项目相比,网球运动具有独特的欣赏价值。首先表现在它是一种技巧性很强的对抗项目。运动员们的超水平发挥,炉火纯青的技术,巧妙的战术运用,无不令人叫绝,回味无穷。

网球运动独特的欣赏价值还体现在它特有的美的艺术氛围上。从比赛环境布置、场地设施到器材使用,不论是绿草坪,还是红土场,甚至别具一格的网球服的设计,无不给人一种朝气、健康、向上的美感。

网球运动是一项把力量美、艺术美、形体美、服饰美与环境美,比赛中竞争的激烈性与观众的文明性有机结合,即把竞争性、文化性、观赏性和参与性有机结合在一起的极具魅力的体育项目。它既有悠久历史,又不断得到普及发展,如今已成为一项深受群众喜爱的时尚健身运动。当然,网球之所以有其独特的欣赏价值,还因为它特有的"网球精神"。网球比赛跑动场面大、对抗激烈,且又在露天进行,运动员的体力消耗很大,一场比赛常常需进行数个小时。因此,网球比赛中真正体现了运动员勇敢拼搏、坚韧不拔的精神。网球比赛是力的较量,是技术、战术的较量,也是心理素质的较量。人们在欣赏网球运动时,会体验到一种力的张扬、雅的感染、美的熏陶,而这些正是网球运动所特有的。

思考题

1. 简述网球运动起源与变迁。
2. 简述中国网球运动发展的历程。
3. 世界网球运动发展的特点是什么?
4. 请结合自身的情况谈网球运动的价值体现在哪些方面。

第二章　网球运动基本理论

学习目标

1. 基本掌握击球的弧线、击球的速度、击球的力量、击球的落点、击球的旋转的作用及练习方法。
2. 了解击球的四个重要环节。
3. 理解击球过程中网球不同的旋转类型。

第一节　网球运动的击球原理

一、击球的弧线

（一）击球的弧线

击球的弧线是指球自击球员的球拍击出,到落在对方场区为止的飞行弧线(见图 2-1-1)。它包括弧高、打出距离、弧线弯曲度和弧线方向。

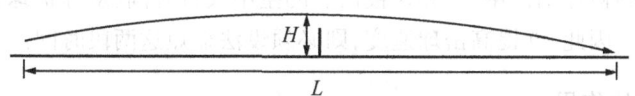

图 2-1-1　网球飞行弧线

1. 弧高:弧线顶点至地面的垂直距离,可用 H 表示。
2. 打出距离:击球点在地面上的投影至球落地点的直线距离,可用 L 表示。
3. 弧线弯曲度:弧线弯曲的程度,它与弧高成正比,与打出距离成反比。如:一个球的弧线很高,打出距离很短,此球的弧线弯曲就一定很大。
4. 弧线方向:主要指向左、右的方向(以击球员为准)。

（二）影响弧线的因素

1. 球的出手角度。指网球刚被击离球拍瞬间与水平面的夹角。球的出手角度越大,出手弧线的高度也越大。
2. 球出手瞬间距地面的高度。指击球点距地面的高度。
3. 球出手时的初速度。球被击打离拍瞬间的飞行速度。

4. 球的旋转。它不仅对球的飞行弧线有影响,而且还影响球的弹起弧线。上旋可增加球飞行弧线的弯曲度,在击球实践中,起到增加弧高和缩短打出距离的作用;下旋反之。左侧旋可使球向右拐;右侧旋反之。

(三)弧线的作用

1. 合理的出手弧线是击球稳健性的保证

我们应特别重视还击不同的来球对出手弧线的不同要求。如:拉抽小斜角时,弧线的弯曲度要稍大,打出距离要短;回击网前高球时,可直接高压,其弧线无须有弯曲度;回击底线球时,须有较长的打击距离和适宜的弧线高度。

2. 运用变化的弧线,增加球的威胁性

(1)降低或升高弧线的高度,增加对方回球的困难。如:随球上网时的削一拍,回球弧线低,给对方下拍还击增加了难度。又如:挑高球时,弧线高,可越过对方头顶至底线,破坏了对方的封网或高压球。

(2)利用向左或右变化的偏飞弧线使对方处于被动。

(3)在前后方向上变化飞行的弧线,给对方回球增加困难。如:在回小球时加一个向后削球的动作,使球越网后不向前跳,甚至有点后缩,对方极易判断失误。又如:在向对方底线攻球或挑高球时,有意制造上旋,使球落地后有一前冲力,对方往往因此而被动或失误。

二、击球的速度

(一)网球运动中击球速度的概念

从来球飞至网上开始,直到被球拍击出后,又飞行越网碰到对方场区内的障碍物为止,此过程所用的时间就是该次击球的速度。我们可把这段时间分为两部分:来球过网后的飞行时间(从来球飞至网上始,直到被球拍击中止)和球被击后的空中飞行时间(从球被球拍击后始,到球飞行过网碰到障碍物止)。因此,欲提高击球速度,则必须设法缩短这两段时间。

(二)击球速度的作用

在网球运动中,人的反应过程一般分为5个阶段:①感觉阶段;②区别阶段(在同时起作用的许多刺激中将所感知的部分加以区别);③再认阶段(将当时的刺激归入已知的类别中);④选择阶段(选择最有利的应答动作);⑤运动阶段。运动员要判断来球的速度、力量、落点、旋转和弧线,需从对方的击球动作(包括站立、引拍和挥拍击球的动作等)和击球后球的运行弧线两方面加以分析,这无疑需要一定的时间。击球速度越慢,对方准备的时间就越充分,判断来球也越容易准确。反之,击球速度快,就给对方的判断增加了困难,往往使对方反应不及甚至出现无反应的现象。

此外,网球运动员每打完一拍球后,必须迅速还原,以便为击下拍球作好充分的准备(包括心理和身体动作)。击球速度快,还可以使对方因没有充分的还原时间,而造成被动或击球失误。

(三)如何提高击球速度

提高击球速度,从理论上讲,就是指缩短来球过网后的飞行时间和球被击中后的空中飞行时

间。在掌握技术时,应注意以下几点:

1. 站位靠近网,击球点适当接近球网。
2. 适当提早击球时间,减小动作幅度,引拍动作要小,触球瞬间充分发挥小臂的爆发力,击球后迅速制动、还原。
3. 适当降低球在空中飞行弧线的高度。
4. 注意腰部动作的运动,使其起到稳定动作和加快球速的作用。
5. 提高判断和反应能力,加快步法移动的速度。

三、击球的力量

(一) 击球力量的概念

在网球运动中,所谓击球力量大,实际上是指物理学中的动量(mv)大。因为球体本身的质量是固定的,所以,击球力量大的外在表现形式就是球向前飞行的速度快。

(二) 击球力量大的作用

1. 它要求接球者的动作必须迅速,否则就会来不及调整动作。
2. 力量大的来球,对接球者球拍的作用亦大,这就增加了接球的难度。
3. 球向前飞行的速度很快,接球者因看不清疾飞中的球,而只能凭经验估计它的走向和时间,经验不足者极易判断失误。

(三) 加大击球力量的方法

加大击球瞬间的向前挥拍速度以及提高参与工作的肌肉力量,是增强击球力量的关键。为此,应注意以下几个方面:

1. 注意腿、腰、上臂和前臂力量的协调配合,击球瞬间应有突然爆发力。
2. 整个动作的用力方向应尽量一致向前,避免有相反方向的分力,注意触球瞬间适当减少对球的摩擦力,应向前用力击球。
3. 掌握合理的击球时间和击球位置,以便身体各部肌肉集中发挥出最大的力量。
4. 适当加大动作半径,适当加大引拍距离。
5. 击球前,发力肌肉应尽量拉长且放松。
6. 遵循身体肌肉发力的正常顺序:躯干带动上臂,上臂带动前臂,以发挥各关节点的加速作用。一次击球后,应迅速放松,注意动作还原,以便于下一拍球的发力。重视身体训练,提高力量素质,并使其与技术密切结合。

四、击球的落点

(一) 击球落点的概念

球被拍击出后,落在对方场区地面上的点,就是击球的落点。

（二）什么是好落点

1. 一般情况下的好落点是指击球落点接近两条边线、端线或落在对方脚下，或远离对方站位，或对方跑动的相反方向（如对方已开始向右跑，就打他左方）。
2. 对方球员技术上的缺点
(1) 技术上的明显缺点。如：有人反手弱、失误多，就应多打其反手。
(2) 调动后暴露的弱点。如：在对方失去平衡的情况下，将球打到另一面，极易得分。
(3) 运用假动作，或根据对方的心理，声东击西。如：你估计我打左方，我实际打右方。

（三）与击球落点紧密相联的两个概念

1. 击球路线：击球员所站的位置与击球的落点之间的连线，称为击球路线。最基本的路线有 5 条：右方斜线、左方斜线、右方直线、左方直线和中路直线。此外，还有左、右两条小斜线。
2. 击球区域：把场区地面分为若干区域，并将其与击球落点相连。距球网约 1.5 米的区域，叫前场；发球线附近区域，叫中场；近底线处，叫后场。击球近网，称为"浅"；击球近底线，称为"深"。击球在边线近端线处，谓为"大角"；击球在边线近网处，谓为"小角"。

（四）力争打出的好落点

1. 扩大对方跑动的范围，如打远离对方站位的球。
2. 增加对方击球的难度，如打深或在对方失掉重心后打另一角。
3. 正中对方要害，即命中对方技术上的缺点。
4. 促使对方判断失误，如假动作的"声东击西"法等。

（五）提高控制落点能力的方法

1. 规定区域练习法：将场地划分若干区域，规定专门的击球区。
2. 提高场上观察能力，在常规的训练或比赛中有针对性地对击球落点提出要求。

五、击球的旋转

（一）网球旋转的力学根据

在力学中，欲使球旋转，必须具有力矩（M）。力矩等于作用到球体上的力（F）和此力到球心的垂直距离（L）的乘积，公式为 $M=FL$。从公式中看出，F 和 L 的大小影响到 M 大小，若 M 越大则该球旋转得越强烈。若 $L=0$，作用力只通过球心，该球不产生旋转。

（二）如何加大球的旋转

1. 加大挥拍摩擦球的力量。不仅应发挥腰、腿和手臂之力，还需配合手腕的力量。
2. 用力方向适当远离球心。
3. 采用弧形挥拍路线。

第二节 击球动作的环节

网球击球的技术动作是多种多样的,尽管方法要领各有不同,但在击球动作的环节方面是有共性的,发球、正手击球、反手击球、网前截击及高压球等击球动作都由后引球拍、向前挥拍、球拍触球和随挥动作四个部分组成。

一、后引球拍

是把球拍拉向身后,准备击球的动作环节。这个动作环节除握拍需用手部的肌力外,其他部位的肌肉不应紧张,要保持放松,特别是肩部一定要放松。在这个动作阶段要注意的是不要引拍过大,影响最佳击球时机。另一方面,从现代网球技术发展趋势来看,击球速度越来越快,后引拍的幅度大小还应根据击球需要灵活掌握。

二、向前挥拍

是把引向身后的球拍,从后向前挥动去迎击来球的动作环节,这一动作阶段是决定击球速度的关键环节,整个动作的完成要遵从鞭打动作原理。首先,力量大的支撑腿开始发力,躯干、肩部、上臂、前臂及手依次传递完成动作,最后为了对抗来球的撞击力,手要用力牢牢地固定腕关节及击球的拍面。

三、球拍触球

击球的质量决定于球拍触球的一瞬间。特别对初学者来讲,如果没有能够用拍面的甜点来击球,或者击球的一瞬间球拍握得不牢,都会出现击球不稳或者失误现象。

四、随挥动作

击球后顺着挥动球拍惯性随势前挥的过程,既是整个击球技术动作结束阶段,又是击球上肢肌肉相对放松阶段以及协调技术动作的阶段。

第三节 网球的性能

所谓网球性能是指它所具有的弹性以及在外力的作用下向受力的方向飞行,并且所受的力没有通过网球的质心时,还带有旋转。因此,对于初学者来说,了解网球的性能对于提高网球技术水平非常有益。

一、动态球的力学分析

一般情况下,标准球的质心在网球的中心,因此,平击的球作用力线通过网球的质心,打出去的球不会产生旋转。但实际打球是不可能绝对平击,球或多或少地总有一定的旋转,并且现代网球高水平运动员都击打旋转球。下面我们分析一下旋转球在飞行过程中的受力状况。

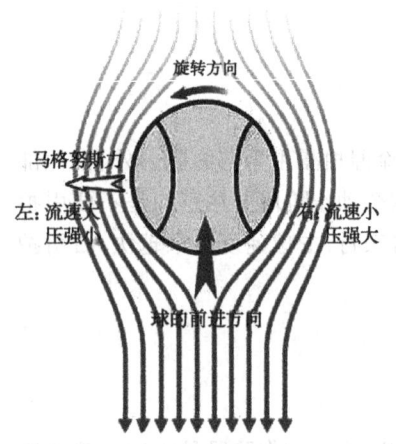

图 2-3-1 网球飞行的马格努斯效应

绕轴旋转着的圆柱体在作横向运动时,将承受流体给予的与运动方向相垂直的力,这种现象,我们称它为马格努斯效应(由德国物理学家古斯塔夫·马格努斯提出)。网球的运动轨迹,往往偏离其方向,这是由于球体不仅受到自身重力、空气阻力,而且还受到因为旋转而产生的马格努斯力的作用(见图 2-3-1)。

我们拿切削发球为例(右手持拍),发出的球受到三个力:

1. 重力,在地心引力作用下产生,它让球能够落地,而不是一直向前飞。
2. 空气阻力,它与球的前进方向相反。
3. 马格努斯力,击球点偏离了网球的重心,使其产生旋转,而产生的力。

飞行的网球绕着与空气阻力垂直的轴旋转,此时,运动方向与空气阻力方向相同的网球的左侧,空气流速快,空气压强小;而球的右侧,与空气阻力的方向相反,空气流速慢,空气压强大,正好与网球的左侧相反,左右两侧形成压差。网球受到了两侧不平衡的作用力,其运动轨迹发生向左偏移,不是最初的运动方向。

二、动态网球的旋转种类

(一)平击球

击球的力量仅仅是一个单一的正对着来球的力量,即只有主击球力 P_1,这样击出的球属平击球。

如图 2-3-2 所示,球拍以角速度 ω 正对来球挥拍。则在击球的瞬时将对球产生正向打击力 P_1,该正向打击力是主击球力。高压球(Smash)、高空截击(High Volley)、平击发球(Flat Serve)基本上只存在主击球力,故都可视为平击球。这类由于是正向击球,球与拍面碰撞接触的区域很小,可视为一个点,其接触的时间也很短,只有千分之几秒。

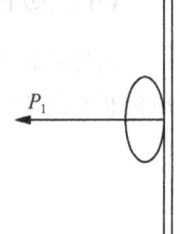

图 2-3-2 平击球

(二)上旋球

上旋球(如图 2-3-3),击球的瞬间除了对球施加一个正向主击球力 P_1 外,还给球拍附加一个垂直于正向的向上的运动,使拍弦咬住网球从球的后侧对球进行搓旋,从而使球获得一个附加向上的旋转力 T。在此 T 力的作用下,球按获得的相应的转速 n 绕其球心轴线旋转。故在球的首飞过程中球做向上的旋转运动。如果附加的旋转力 T 大,则球的旋转速度也越大。

由于击球瞬间对球附加了一个旋转力 T,也就是对球施加了摩擦力,对球进行搓旋作用,因此,球在球拍的弦床平面上停留的时间远比平击球的时间长,其与拍面的接触,不是一个固定的点,是一个移动的线段。

在网球运动中用得最多的是正手提拉球的方法,就是从球的后下方向前击球时,再附加上一个向上提拉的动作从而获得上旋。

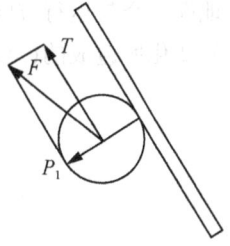

图 2-3-3　上旋球

(三) 下旋球

下旋球形成的基本原理与上旋球是一致的,只不过所附加的正向主击球力 P_1 上的附加旋转力 T 的方向是向下的,如图 2-3-4 所示。

下旋球在首飞过程中,球的旋转是绕其球心轴线向下旋转的。

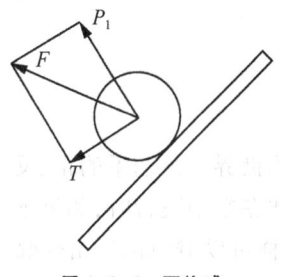

图 2-3-4　下旋球

(四) 侧旋球

侧旋球的形成也和上旋、下旋球形成的原理是一致的,只不过附加的旋转力 T 在球的侧边,它可以与主击球力 P_1 平行或垂直。附加的旋转力 T 是作用在球的右侧,且与主击球力 P_1 平行,方向一致,则击球后,球绕轴线反时针方向旋转。反之,如果 T 力作用于球的左侧面,则球做顺时针方向旋转。

(五) 复合旋转球

复合旋转球是上旋球或下旋球与侧旋转球相结合的一种旋转球。它是使 P_1、T 力相互协调补偿打出的一种旋转球。实践证明,在临场使用得最多的就是这种球。因为这种球具有两种旋向的特点。如果击出强力的这种球,会给对方造成很大的威胁,往往使之陷于被动。

最后必须指出,在实践中,无论用正手或反手击球,只要技术动作能满足上述各类球的旋转条件,都能打出相应的各种旋转球来。

三、旋转球与反弹

网球运动大部分情况是在球落地反弹后再击向对方,所以,在了解旋转球的基础上,进一步了解旋转球与反弹关系,对正确回击对方来球是非常重要的。因为旋转球不仅在飞行过程中飞行线路会产生变化,落地后或者接触网球拍面时也会发生变化。因此,在理论上掌握旋转球与反弹关系的原理,是尽快掌握网球技术、在场地上打好网球的一个很重要的要素。

(一) 上旋球的旋转与反弹

上旋球是绕横轴(左右轴)向前旋转的(球的上半部向前转,下半部向后转)。上旋球在飞行过程中,由于球受重力和空气阻力的影响,其飞行弧线比不转球要陡一些,就是说下落速度比不转球要快,上旋越强则越能显现出来。当球落地反弹后,球具有一定的前冲力,但球本身并没有加速,只不过是入射角与反弹角不同而造成的视觉感觉上的差异。这是由于旋转球形成一定的角度落到地面时,球的底部旋转方向与球的运行方向是相反方向,球体与地面相接触一刹那给予地面一个与运行方向相反的力,则地面同时也给予球体大小相等、方向相反的力而产生反弹角度的变化所造成的(见图 2-3-5)。

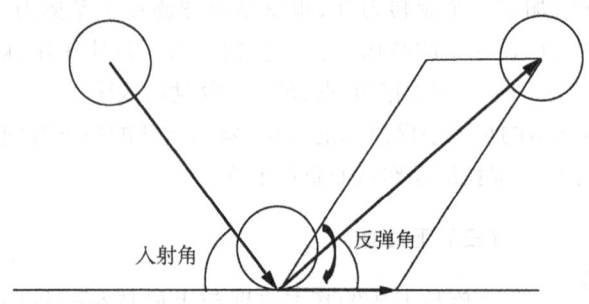

图 2-3-5　造成入射角与反弹角不同的受力分析图(上旋球)

这种球的特点是:上旋越强则落地反弹后的前冲力越大。当今流行的世界一流选手的正、反手拉上旋球,就是充分利用这个道理使球更具威力的。一个极强的上旋球在空中飞行时,如果下落速度很快,即使在打出较高的弧线情况下,也很少会造成出界现象,这样可以避免由于击球弧线高而球被打出界外,我们常说拉上旋球能提高稳健性,拉球的安全系数高就是这个道理。

(二) 下旋球的旋转与反弹

下旋球则与上旋球相反,是绕横轴向后转的(球的上半部向后转,下半部向前转)。下旋球在飞行期间,由于球受重力和空气阻力的影响,其飞行弧线比不转球要平直一些,球下落速度比不转球要慢一些,好像球增加了一定的浮力,下旋越强则越能显现出来。当落地反弹后,球的前冲力会减弱,给人一种只向上反弹的感觉。这是由于下旋球形成一定的角度落到地面时,球的底部旋转方向与球的运行方向是相同方向,球体与地面相接触一刹那给予地面一个与运行方向相同的力,则地面同时也给予球体大小相等、方向相反的力而产生反弹角度的变化所造成的(见图 2-3-6)。

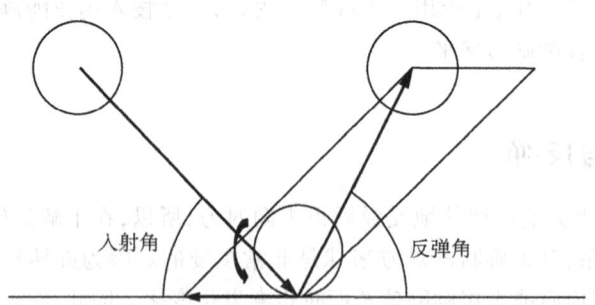

图 2-3-6　下旋球造成入射角与反弹角不同的受力分析图(下旋球)

这种球的特点是:没有像上旋球那样具有前冲力,飞行比较缓慢,因此,相对来讲给对方的攻击性并不是很高,威胁也不大。但是,如果这种削击方法用得恰当,效果就会不一样。比如说,当对方在底线时,用削击方法打出下旋球放出轻而浅、角度大的球是颇具威力的。另外,在底线用反拍击出下旋球在防守上也有积极的作用,它能在强大压力下控制住球,并将球送至底线深处。球速减慢有时也会打乱对手击球的节奏,同时也能调节自己进攻的节奏。

第四节 控球能力

所谓控球能力,是指运用各种各样的击球技术把球击到预期目标的能力。换句话说,回球过程中意识到哪里就能把球击到哪里的能力。初学者在基本掌握各种技术的基础上,要想进一步提高就需要掌握控球能力。优秀网球运动员都是使用控球来调动对方,争取主动,使对方处于被动,这样才能提高得分概率。控球能力,具体地说,包含以下几个方面的能力。

一、控制击球力量的能力

网球运动是网球与网球拍相互碰撞所进行的,属于弹性碰撞运动。球与网拍相互碰撞时,在力的作用下互相变形,球和拍面的变形恢复过程中,球就离拍而去(见图 2-4-1)。网球拍拉弦磅数 55 磅以上的情况下,网球拍与网球相触时间为 0.000 4 秒左右。现代网球比赛,越来越强调速度,网球的运动速度来源于击球力量的大小,而击球力量的大小主要取决于击球时挥拍加速度的大小,因此,要想加大击球力量,增大网球飞行速度,就必须要靠全身的协调配合,加大击球时的爆发力,因为力与速度是成正比的。但是网球比赛中,并不是每一板都要发力击球,根据场上的情况,根据对方的来球速度,要做到有时发力、有时借力、有时减力击球,因此,控制网球飞行速度也在控制之中。

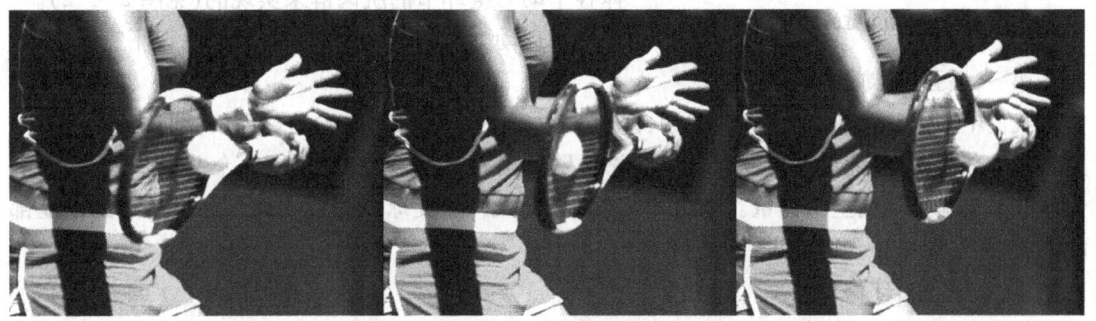

图 2-4-1 高速摄影机拍下的击球瞬间球和拍面的变形与恢复情况

二、控制击球路线、角度的能力

网球运动根据场地站位状况来考虑位置时,可分为中路、左路及右路;根据击球点与落点及边线的关系来考虑时,可分为直线、斜线;根据击球点和对方队员与落点关系来考虑时,是角度。这样的控制能力,从技术角度来讲是应用技术,从战术角度来讲是调动对方的能力,而且这种能力必须要通过各种各样的练习逐渐掌握。

三、控制落点的能力

球的控球能力,具体表现在击球落点。不管是击球力量的控制,击球路线、角度的控制都是为了一个击球落点。击球的落点包括发球落点、接发球落点、底线击球落点、上网截击落点、放小球落点、高压球落点等。不管采用哪一种技术处理,都能涉及落点球的问题。

四、网球动力链

动力链是指身体中各个系统之间的相互联系和协调,以实现有效和安全的运动。动力链包括肌肉系统、关节系统和神经系统,这些系统都受到中枢神经系统的控制。动力链理论被应用到人体科学,还要追溯到1955年,由Dr. Arthru Steindler基于工程机械领域的术语,延伸至人体动作与科学。随着运动科学的进步,结合生活中和竞技体育中的实践运用,动力链理论不断的向前推进和发展,成为运动训练和康复训练的一个重要指导原则。

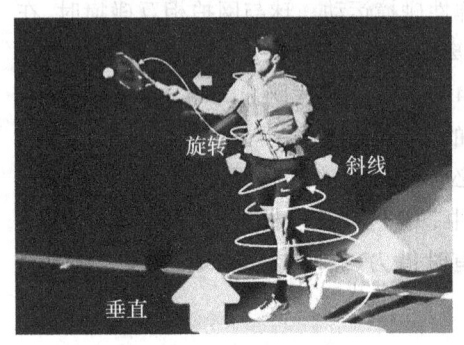

图 2-4-2 动力链的发力顺序

动力链是我们想象中的概念,它是把整个身体想象成一个由链环组成的系统,这个充满力量的链环发源于蹬地,力量通过层层传递,最终施加到了网球上。网球技术的动力链始自下肢肌肉组织做功产生的力矩,随着核心区和上肢肌肉组织的激活而不断累积,同时最大限度地放大所涉及骨骼的角速度,最后到达持拍手臂完成球拍与网球的碰撞。这一系列的动力链都是在神经系统的精确控制下协调有序的激活和放松身体各个动力链环节的肌肉群来实现的(见图2-4-2)。

网球动力链的重要作用主要体现在以下三个方面。

第一,增强击球威力。

我们中国人常常讲求"合力",强调合全身之力于一点。以网球的发球为例,要调动起全身的力量来发球,但很多业余球员发球仅仅依靠手臂或肩膀,于是就只能发出一个"菜球",因为没有像职业球员那样用到全身力量。如果用到腰腹的力量,那发球威力会增强。如果还用到了腿部的力量,那发球威力会进一步增强。

第二,提升击球稳定性。

如果击球主要依赖于上半身和手臂,而不是让全身形成完整的动力链,那么将难以精准地控制拍面且容易犯更多的错误。相反地,如果手臂能从下半身获取动力,不仅会获得更多的击球力量,而且击球也会变得更稳定。还有一点就是,如果在击球时能合全身之力,那么手臂和手腕可以将重点集中于稳定球拍而不是发力,这显然有利于能更稳定地控制好拍面。

第三,省力和降低受伤概率。

如果僵硬的双腿和松散的腰腹没有参与到击球中去的话,击球者就会绷紧上半身的肌肉,拼命地挥动手臂以获得足够的拍头速度。以这种方式挥拍不仅会增加疲劳,还会加剧肌肉和关节的紧张,久而久之就会损伤手臂和肩膀。如果能很好地使用动力链,手臂在来自腿部力量的推动下,发力击球将变得自然而然,手臂和肩膀所受的压力就会小一些。

思考题

1. 击球的弧线由几方面组成？影响弧线的因素有哪些？
2. 击球速度的作用有哪些？如何提高击球速度？
3. 击球力量大的作用有哪些？如何提高击球的力量？
4. 什么是好的击球落点？如何提高控制落点的能力？
5. 如何提高击球的旋转？
6. 击球的基本动作结构是什么？
7. 从控球能力角度，结合动力链，谈谈如何减少失误。

第三章 网球运动基本技术与练习

 **学习目标**

1. 了解网球运动的基本技术理论知识。
2. 掌握网球运动基本技术的动作要领和练习方法。

网球技术总类众多,每一项技术都是根据击球的需要而被使用,对于高水平网球运动员来说,全面而娴熟地掌握各项技术,对提升运动竞技水平至关重要,只有全面掌握各项技术,才能自如驾驭比赛。对于爱好和参与网球的初学者而言,可从网球主要技术入手,逐一有目的地进行学习和练习,并在实践中不断使用(见表3-1-1)。

表3-1-1 网球技术名称与分类

名称	分类	名称	分类
握拍法	大陆式握拍 东方式握拍 半西式握拍 西方式握拍	接发球	抽击接发球 挡击接发球 削击接发球 挑高球接发球
准备姿势	底线球准备姿势 发球准备姿势 接发球准备姿势	高压球	凌空高压球 落地高压球
落地球技术	正反手上旋球 正反手平击球 正反手削球	挑高球	进攻性挑高球 防守性挑高球
发球	平击发球 上旋发球 切削发球	其他技术	放小球 反弹球
截击球	高球截击 低球截击 近身截击		

第一节 握 拍 法

当球触到球拍弦线时,击球者的球感是通过握拍感受到的,不同的握拍方法具有不同的击球效果。正确的握拍方法会使你感到球拍是你手臂的延伸和手掌的扩大,并且保证击球的效果和质量。没有最好的握拍,只有最合适的握拍,这取决于击球的需要。本节将介绍大陆式、东方式、半西方式、西方式、反手东方式和双手握拍法。

从球拍的底部看,球拍可分成上、下平面,左、右侧面及4个斜面(见图3-1-1)。

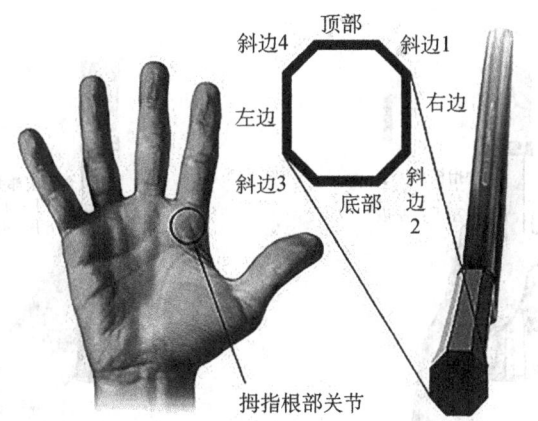

图 3-1-1　球拍的平面、侧面与斜面

一、大陆式握拍法

把食指的第一指关节放在斜面1上,左撇子在斜面4上。大拇指和食指组成"V"字型虎口对准拍柄上平面(见图3-1-2)。大陆式握拍法适合用来击打任何类型的球,但在发球、截击球、高压球、削球以及防守球时采用这种握拍效果更好。拍面的角度几乎与地面垂直,所以你仿佛在用拍框的侧面钉钉子一样。

优势:运用大陆式握拍法可以使你在发球或打过顶球时手臂自然下压,这样不但攻击的效果最好,而且给手臂的压力也最小。由于在打正手和反手球时不需要调整握拍法,因此大陆式握拍法也是打网前截击球的最佳选择,因为采用这种握拍法可以使攻防转换十分迅速。同时,它还适合于在防守时击打已到达身体侧面、击球点较晚的球。

劣势:用大陆式握拍法很难打出带上旋的击球。这就意味着击球点必须要比球网高,由于球在这一点停留的时间非常短暂,所以留下的击球时间就很短。另外,这种握拍不容易处理高速的落地球。

图 3-1-2　大陆式握拍法

二、东方式握拍法

把食指的第一指关节放在右垂直面上,左撇子在左垂直面上(见图3-1-3)。东方式正手握拍法如同我们与对方握手的姿势基本一样。

优势:东方式正手握拍可以被称为"万能握拍法"。采用这种握拍,拍面可以通过摩擦球的后部击出上旋球,也可以打出有很大力量和穿透性的平击球。同时,东方式握拍很容易转换到其他握拍方式,因此,对那些喜欢上网的选手,东方式握拍也是不错的选择。

劣势:与大陆式握拍相比,尽管东方式握拍的击球点在身体前部要更高更远一些,但它仍不适用于打高球。虽然东方式握拍击出的球比较有力量和穿透性,但更多的是平击球,这就导致稳定性会差一些,因此很难适应多回合的打法。因此东方式握拍不适用那些希望打出更多上旋球的选手。

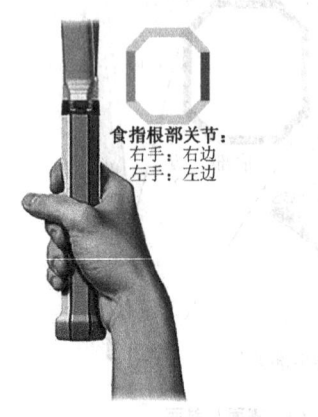
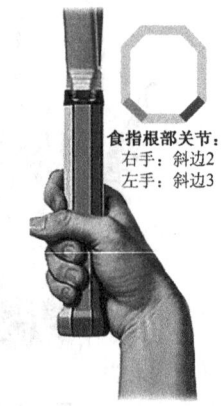

图 3-1-3　东方式握拍法　　　　图 3-1-4　半西方式握拍法

三、半西方式握拍法

把食指的第一指关节放在斜面 2 上,左撇子在斜面 3 上(见图 3-1-4)。在职业网球比赛中,底线力量型选手多采用这种握拍。

优势:相对于东方式握拍,这种握拍可以让选手给球打出更多上旋,使球更容易过网,也更好控制线路,因此,它很适合打上旋高球和小角度的击球。而且这种握拍还可以打出更深远的平击球。它还适合大幅度地引拍,强烈的上旋有助于把球打在场内。这种握拍在身体前部的击球点比东方式握拍更高、更远,因此更有利于控制高球。

劣势:半西方式握拍不太适合回击低球,另外,如果从这种握拍转换到大陆式握拍法需要做较大的调整。

四、西方式握拍法

把食指的第一指关节放在下平面上。喜欢打强烈上旋的土场选手多采用这种握拍法(见图 3-1-5)。

优势:这是一种很"极端"的握拍,手腕的位置迫使拍面强烈地击打球的后部,从而产生更多的上旋。你可以让击出的球恰好过网,但过网后它就会立刻下坠,而球在落地后还会高高地弹起,这就会迫使你的对手退至底线后回球。这种握拍比其他任何一种正手握拍法的击球点都要更高更远。正是因为西方式握拍法对高球的良好控制,许多土场选手和青少年都很青睐这种握拍法。

劣势:回击低球是此种握拍法的致命点。同时,你需要以更快的挥拍动作来给球加上必要的旋转,否则,击出的球就会既没有速度也没有深度。对于一部分选手来说,采用这种握拍也很难打出线路较平的球。

图 3-1-5　西方式握拍法

五、东方式反手握拍法

把食指的第一指关节放在上平面上(见图 3-1-6)。

优势:同东方式正手握拍一样,它可以给手腕提供良好的稳定性。打出的球可以略带旋转,或直接打出很有穿透力的球。而且,采用这种握拍只要做非常小的调整就可回到大陆式握拍,这样选手在削球或在网前截击时都会比较轻松。

劣势:尽管这种握拍法能很好地处理低球,但它不适合打高于肩部的上旋回球。

图 3-1-6 东方式反手握拍法

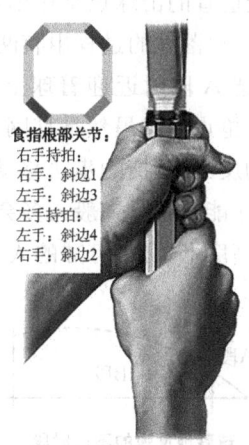
图 3-1-7 双手反手握拍法

六、双手反手握拍法

右手是"大陆式"握拍法,握在拍柄的后方,左手是"半西方式"握拍法,握在拍柄的前方(见图 3-1-7)。

优势:适用于单手力量不足或双手具有良好协调性的选手。比起单手反手击球,双手反手借助肩部的转动和小幅度的挥拍来发力。因此采用双手反手来接发球的成功率比较高。这个握拍法还适合处理低球,而且在回球时力量很足。

劣势:因为是双手握拍,这就限制了跑动。另外,上网截击对许多双手反手选手来说也是一件很头疼的事,在上网时会感到很不舒服。

七、握拍、击球点及击球时机

击球点与握拍方法有着密切的关系,一般来说,用西方式握拍法握拍时,击球点在身体稍靠前的位置上;用大陆式握拍法握拍时,身体应向后收,在稍后的位置上击球。此外,以握拍方法来说,西方式握拍法的击球点低且靠前;大陆式握拍法的击球点高且靠后;东方式握拍法正好在肚脐的高度击球,击球点大约在西方式握拍法与大陆式握拍法之间的位置上。了解自己的击球点是很重要的,可以用自己的球拍同别人的球拍合在一起互相推,或者用球拍推压球网,以找出最能发力,或者说是最容易用上力的位置,这就是自己合适的击球点。按照自己击球的姿势,把肚脐的位置作为基准点,牢记住击球点所在的位置。

初学网球时,体会击球瞬间球和身体的合适距离非常重要,这也是许多初学者的难点之一。如果击球的位置离身体太近,拍头往往下垂,无法发力,有被球"挤着"的感觉。这是由于对来球的方向和速度判断不准确,导致脚步移动的误差,造成不能在合理的击球点上击球。与此相反的是"捞球",是由于移动不到位或判断失误,造成击球点离身体太远。因此,初学者必须提早引拍、小步积极调整、加强对球反弹轨迹的了解和预判能力的训练,才能找到合理的击球点。

与击球距离一样,击球的时机也是新手感到困惑的技术。按照规则,球过网后到第一次落地,弹起上升到最高点,然后开始下落直至第二次落地,在第二次落地前击球都是合法击球。在底线击落地球时,最适宜的击球点是在相当于身体腰部高或略低于腰部的位置上,而在球第一次落地至球弹跳后第二次落地的过程中有两个弧段在此高度(见图 3-1-8 A 段和 C 段),高水平选手击球的时机大多选 A 段附近迎着球上升的趋势将球回击过去,为的是争取进攻的时间及力度,称"抢点击球"。抢点击球虽然是打网球的一大要点,但初学者往往很难做得到,因为它需要极好的球感、极快的反应、迅捷的步法移动及很强的与球相对抗的能力,这些素质在很大程度上要依靠长期的训练才能具备。一般人多会自觉地选择在 B 段击球,但处于 B 段的球却往往已在击球者肩部附近的高度上了,常打球的人都知道在此高度击球是很别扭很费力的。如此,选择 C 段也就是在球处于下降的趋势时将球击回去相对来说就比较安全稳妥。如职业选手选择 C 段是相当消极的打法,因为球员经常需要不断地后退,这样不仅增加了发力的难度,也扩大了球员跑动的范围。

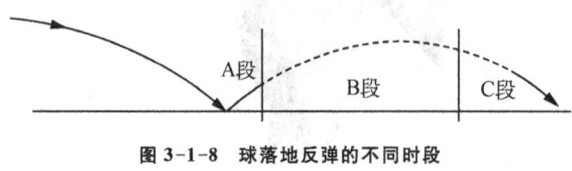

图 3-1-8 球落地反弹的不同时段

第二节 球性与球感

一、球性与球感

网球运动是一种对球性和球感的感知要求极高的运动。球性是指球在空中飞行以及落地后弹跳所表现的特性和规律性。球感是指触球和触球过程中对球的感觉。熟悉球性,建立初步球感是网球初学者学习掌握网球技术的基础。

二、熟悉球性的练习方法

(一)单人右手抛球左手接练习

练习方法:两脚前后或左右开立,膝关节微曲,右手体前曲臂手心向上将球抛起,右手抛左手接球,左手接球后迅速将球给右手,5 次后换左手抛球右手接球,此动作交替进行(见图 3-2-1)。

(二)单人双手抛接落地球练习

练习方法:两脚前后或左右开立,膝关节微曲,左右手各持一球,在体前曲臂,将球同时向上抛起,落地后再用同侧手同时接住(见图 3-2-2)。

图 3-2-1　单人右手抛球左手接练习

图 3-2-2　单人双手抛接落地球练习

(三) 单人左右手抛接空中球练习

练习方法：两手各持一球，同时将左手球抛向右边，右手球抛向左边，在空中同时用异侧手接住球(见图 3-2-3)。

图 3-2-3　单人左右手抛接空中球练习

(四) 双人抛接落地球练习

练习方法：两人一组相距 3 米，面对面同时抛球，分别接住落地球，距离逐渐拉长(见图 3-2-4)。

a

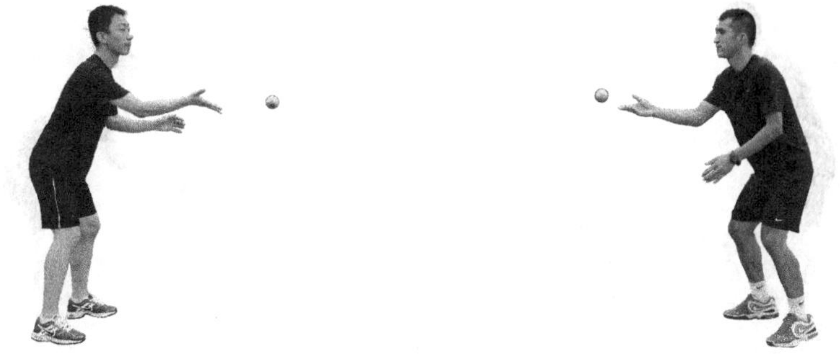

第三章 网球运动基本技术与练习

b

c

d

e

f

图 3-2-4 双人抛接落地球练习

(五) 双人抛接空中球练习

练习方法:两人一组相距3米,面对面抛球,分别接住空中来球,距离逐渐拉长(见图3-2-5)。

a

b

c

d

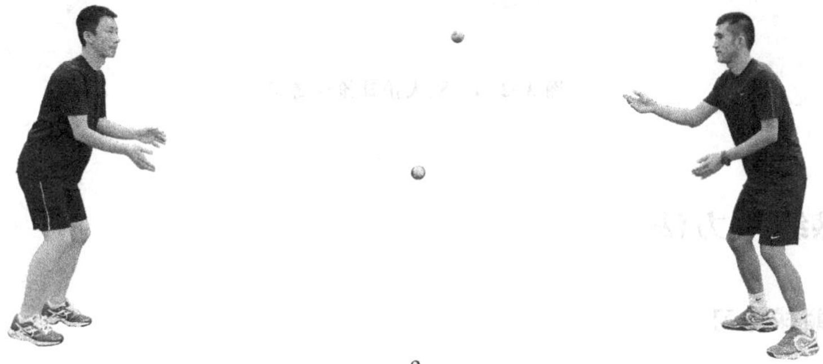

e

f

图 3-2-5 双人抛接空中球练习

(六) 双人护球抢球练习

练习方法：两人一组，一人连续用手拍打球、护球，另一人去抢球、破坏球(见图 3-2-6)。

a　　　　　　　　　　b　　　　　　　　　　c

d　　　　　　　　　　　　e　　　　　　　　　　　　f

图 3-2-6　双人护球抢球练习

三、球感练习方法

(一) 连续颠球练习

练习方法：两脚左右开立，曲膝，右手持拍，拍面向上，连续颠球，手腕固定，拍面与地面平行，左手曲臂，手心向下(见图 3-2-7)。

a　　　　　　　　　b　　　　　　　　　c　　　　　　　　　d

图 3-2-7　连续颠球练习

(二) 连续拍球练习

练习方法：两脚左右或前后开立，双膝微曲，上身前倾，右手持拍，拍面向下连续拍球，手腕固定，拍面平行地面，左手曲臂手心向下(见图 3-2-8)。

(三) 拍框颠球练习

练习方法：两脚左右开立，双膝微曲，拍面向上，连续颠球 2 次后，将拍面竖起，用拍框边缘击球 1 次后，迅速换成拍面击球，熟练后连续用拍框边缘颠球(见图 3-2-9)。

图 3-2-8 连续拍球练习

图 3-2-9 拍框颠球练习

(四) 两人颠反弹球练习

练习方法:两人一组平行站立,两脚前后开立,右手持拍拍面向上,手腕固定,拍面与地面平行,颠球的底部,膝关节弯曲,左手体前曲臂手心向下(见图3-2-10)。

图 3-2-10　两人颠反弹球练习

（五）两人隔网颠反弹球练习

练习方法：两人隔网相距2—3米，一人颠球一次然后反弹到地面，再将球颠给对方，同伴在球落地后再颠球一次，然后再将球送回对方（见图3-2-11）。

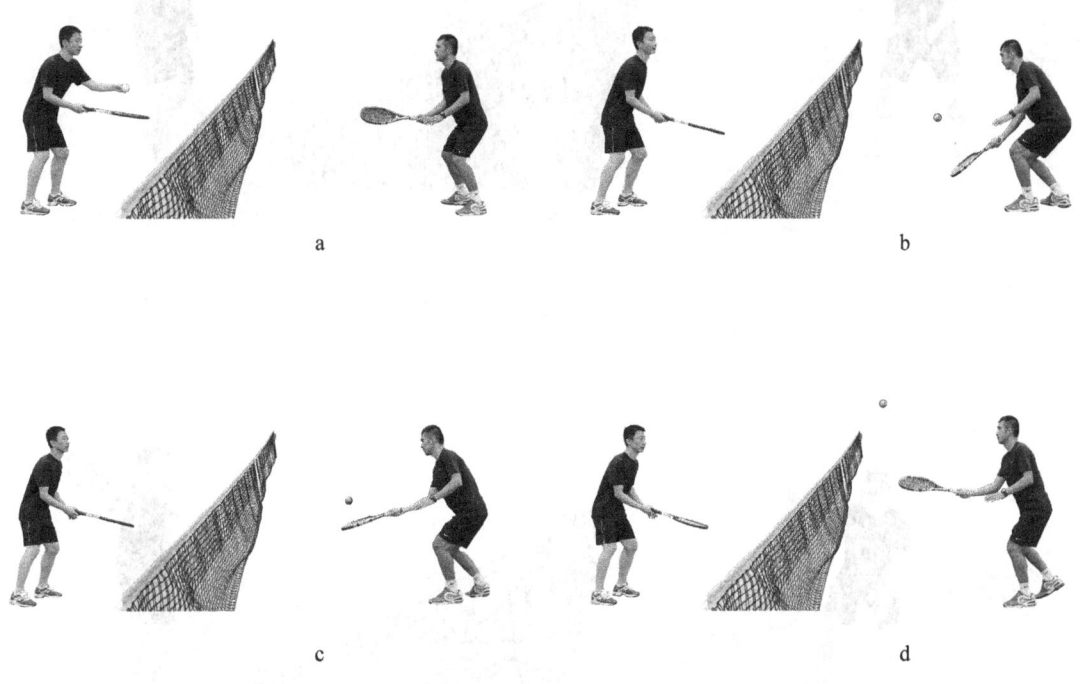

图3-2-11　两人隔网颠反弹球z练习

（六）隔网推送球练习

练习方法：两人相距5—6米，练习者球拍置于击球点上并和球网平行，在击球点上向前推送球。尽量将球打向同伴站立的前方，让球反弹回来落在其身体附近，双方控制击球的力量和方向（见图3-2-12）。

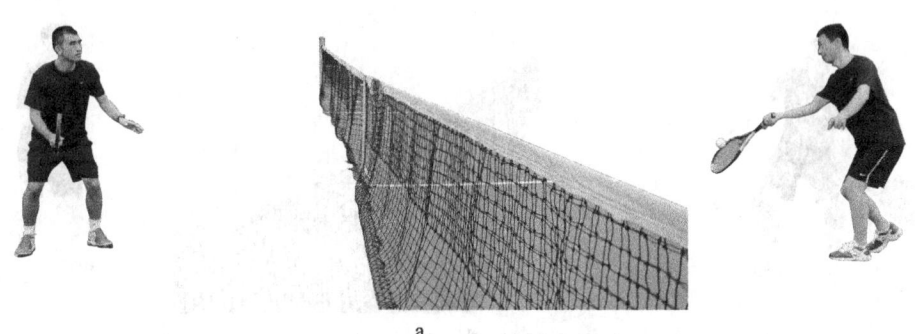

 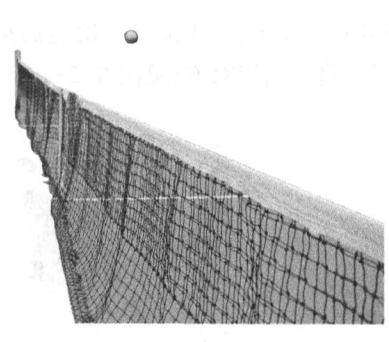 

b

 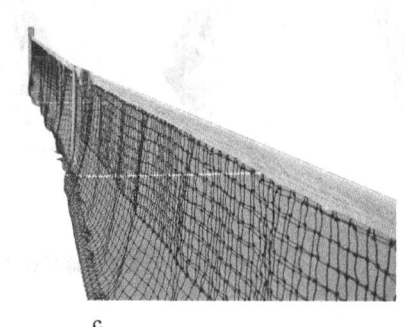 

c

 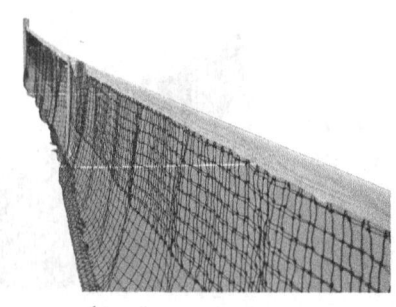 

d

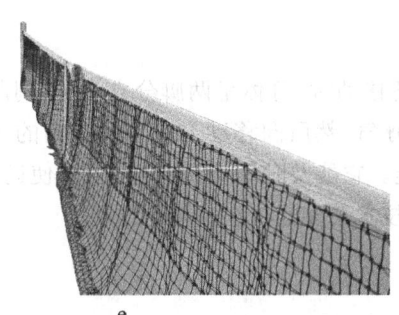

e

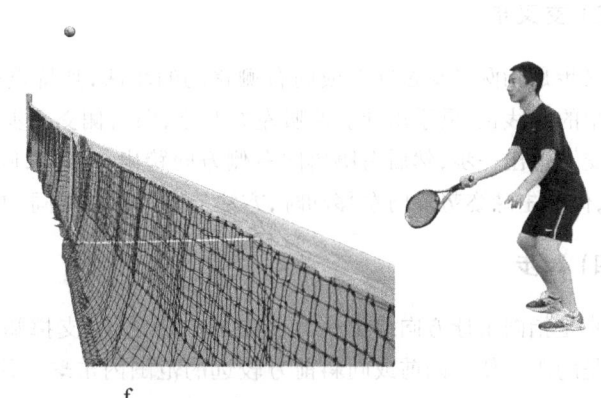

f

图 3-2-12　隔网推送球练习

第三节　移动步法与击球步法

一、移动步法

移动是为了在正确的击球点上击球，只有移动到位才能合理地把球击出，获得好的击球效果。要想进行准确、有效的击球，就必须依靠正确、合理的移动步法，使自己快速移动到合适的击球位置，也就是根据对方的来球方向、速度、高度等因素，通过步法快速移动到最佳击球点，以完成高质量的击球。打球时，最好让自己兴奋起来，在准备时始终处于微微的脚不离地的跳动状态——脚前掌着地，脚后跟微微抬起，曲膝，左右摇摆，以待随时跑出迎接来球。网球有"网球是用脚打球的"的说法，说明双脚积极移动对打好网球的重要性，但真正理解这类说法的人却不多，常见有双脚站着不动、总是起动慢、缺乏小碎步调整、或退身打球、边跑边打、还有的类似与羽毛球的同侧跨步救球等一些非正规的网球步法。网球移动步法讲究灵活、实用，主要包括自然的跑步、跨步、交叉步、滑步、分腿垫步等。

(一) 分腿垫步

分腿垫步是指在准备移动时,身体呈两脚分立姿势,判断好来球后,在吸气的同时双脚向前跃起,前脚掌着地的瞬间呼气,然后向移动方向蹬地迈出的步法。在对手击球之前做分腿垫步,是快速与平衡移动的关键。它能及时地调整身体状态,使运动员处于随时迅速向任何地方移动的状态中,可起到将各项技术动作连接在一起的作用。

(二) 滑步

滑步是指面对球网两脚向左或向右平行移动的步法。向右移动时,蹬左脚,再蹬右脚,先左后右两脚几乎同时落地;向左移动时,方法与向右移动相同,方向相反。侧滑步移动时,身体重心变换快而移动速度较慢,适用于短距离移动,通常在来球距体侧稍近时采用。此外,每次击球后运用左右脚交替滑步回位,可将注意力集中在对手身上,同时也能迅速蹬地来应对对手的回球。

(三) 交叉步

交叉步是指两脚交替向左或向右侧移动的步法,其特点是步子大,动作快,便于制动。常用于跑动中的底线正、反手击球。两脚左右开立,向右侧交叉步移动时,上体稍向右转,左脚从右脚前向右交叉迈出一步,然后右脚再向右侧方向跨出一大步,同时身体重心移至右脚,身体转向来球方向,保持击球姿势。向左移动时,方法与向右移动相同,方向相反。

(四) 跨步

跨步是指向击球方向跨出一大步击球的步法,由支撑腿的蹬地支撑和摆动腿的跨步组成。其特点是跨距大便于向前或向斜前方较远的范围内击球。跨步前,膝关节弯曲,上体前倾,身体重心移至跨出的脚上。跨步时,一腿用力蹬地,另一腿向来球方向跨出一大步,后腿随重心前移自然跟上。

(五) 冲刺步

冲刺步是指在击球过程中快速冲刺奔跑的步法。其特点是移动速度快,便于随时改变方向,常用于快速移动到网前追赶救球。冲刺跑时,一脚蹬地起步,另一脚迅速向前跟上,两脚交替进行,两臂配合摆动。不要过早做击球准备动作,应直到接近球时才挥拍尽力去击球。

(六) 后撤步

后撤步是指在网前时,对手挑后场过顶高球时,右脚先向后撤一步,然后左脚迅速跟上后退,两脚交替进行的移动步法。后撤的同时,要为击球提早做好准备。

(七) 小碎步

小碎步是指在击球之前为调整身体动作(重心)而使用的细微的步法。小碎步对于击球前的平衡感与位置感的微调十分重要,可避免脚步凌乱,确保半开放式的站位姿势,与良好的引拍准备相协调。

二、移动步法练习

很多人练习网球只注意手上的技术,忽视脚步的移动,这是制约网球技术提高的重要原因。合理的"人与球"距离是每一次良好击球的基础和保障,击不准球和发不出力很多时候和脚步移动不到位有关。步法练习也是网球技术的重要内容之一,没有合理恰当的步法移动,再精湛的击球技术也无法体现。在步法练习之前,须先关注和步法移动紧密相关的要点。第一,是起动,良好步法的重要前提是起动步,不同情况下的起动步法有所区别。在底线相持时,起动是在正确的身体准备姿势下,重心放在两脚之间,偏向前脚掌。活球状态中,脚下始终保持着"小碎步"及在对手击球触球前的"小垫步",在"小垫步"后应立即转为一组连续的移动。在接发球时,起动是在正确的身体准备姿势下,对手发球击球瞬间,向前一个小跳步,双脚分立,重心仍然在两脚之间并压在前脚掌上。第二,必须明确不是跑得快就是好的步法。应该是在预判之下的及时、合理的步法,才是需要的步法。步法移动中最关键的环节当属接近来球的最后一步,以此来控制人与球的合理距离,并决定采用什么站位击球。

(一) 起动接球练习

练习方法:两人一组,面对面相距3—4米站立。一人直立两臂侧平举,双手各握一个网球(手心朝下),对面同伴做好起动的准备姿势(持拍击球的准备姿势)。练习时,持球者随意放开其中一个网球,同伴根据判断立即起动,在下落的网球第二次落地前接住。练习者可以划线作为标志,根据反应效果调整两人之间的距离(见图3-3-1)。

图 3-3-1 起动接球练习

练习要点:注意集中,重心降低,快速起动,接球时站稳。

(二) 并腿前后跳练习

练习方法:练习者面对练习方向,两脚并拢,双膝弯曲,向前起跳落地后迅速向后跳,动作连贯,节奏要快,控制好身体重心(见图3-3-2)。

图 3-3-2 并腿前后跳练习

练习要点:并腿前后跳,用脚尖点地,落地后快速弹起,频率越快越好,跳动距离很短,约20厘米,关键是脚尖落地后快速弹起。

(三) 并腿左右跳练习

练习方法:练习者侧对练习方向,两脚并拢,双膝弯曲,向左起跳落地后迅速向右跳,动作连贯,节奏要快,控制好身体重心(见图3-3-3)。

练习要点:并腿左右跳,用脚尖点地,落地后快速弹起,频率越快越好,跳动距离很短,约20厘米,关键是脚尖落地后快速弹起。

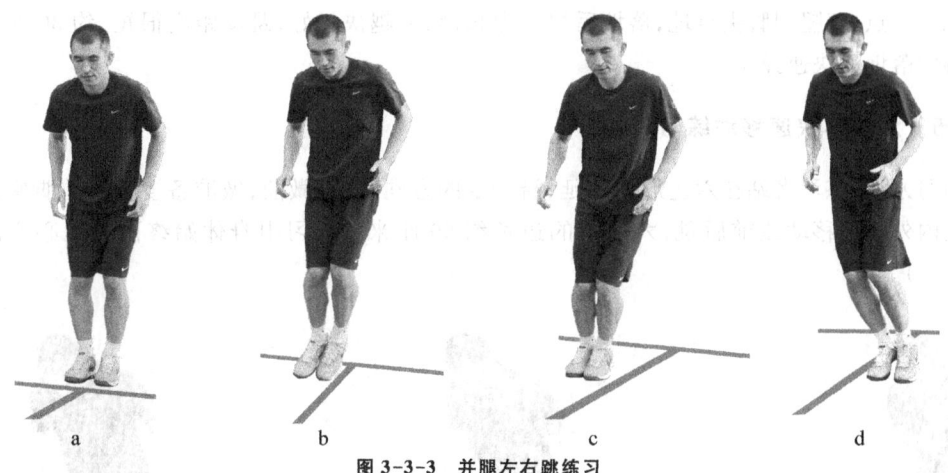

图 3-3-3 并腿左右跳练习

(四) 双腿快速跳(田字格)练习

练习方法:练习者面对练习方向,两脚并拢,双膝弯曲,向右前方起跳—落地后迅速向左侧跳—再向右后侧方向跳—向左还原跳(也可往顺时针或逆时针方向跳),动作连贯,节奏要快,控制好身体重心(见图3-3-4)。

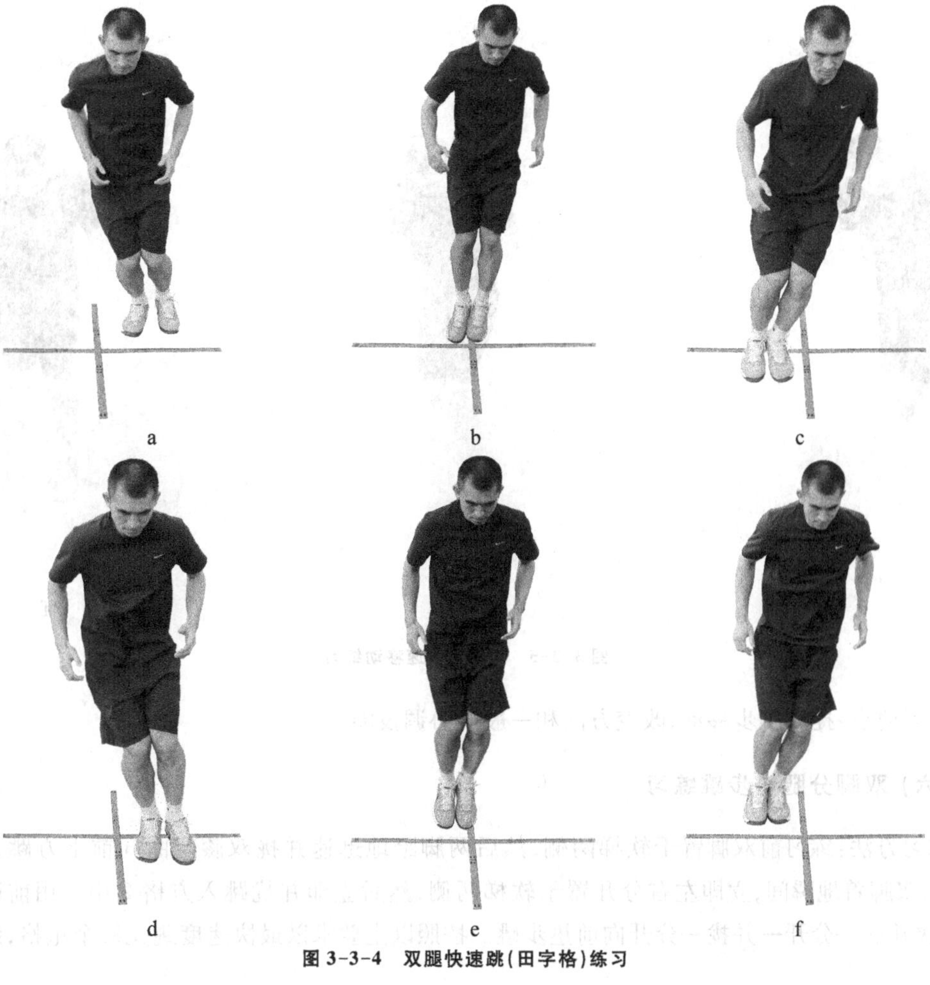

图 3-3-4 双腿快速跳(田字格)练习

练习要点：双腿用脚尖点地，落地后快速弹起，频率越快越好，跳动距离很短，约30厘米，关键是脚尖落地后快速弹起。

（五）六边形快速移动练习

练习方法：练习者站在六边形的外延，沿一定的方向，双腿微曲，做准备姿势。前脚掌落地，快速向内外前后移动或前后跳，六边形的边长约60厘米。练习中身体始终面向中心方向（见图3-3-5）。

图3-3-5 六边形快速移动练习

练习要点：提高脚步移动、改变方向和一般的协调技能。

（六）双脚分腿垫步跳练习

练习方法：练习前双脚置于软梯两侧，然后两脚蹬地迅速并拢双膝弯曲向前上方跳入方格1中，当双脚着地瞬间，立即左右分开置于软梯两侧，然后立即并拢跳入方格2中。用前脚掌落地，依次并拢—分开—并拢—分开向前垫步跳。按照以上要求以最快速度跳完每个跑格，练习时要求快频率,动作自然放松,身体保持良好协调性(见图 3-3-6)。随着能力提高,可以采用单腿着地进行以上练习。

图 3-3-6 双脚分腿垫步跳练习

练习要点:分腿垫步是移动中急停所需要的一项重要动作,模拟前移中分腿垫步的使用,希望这项练习能帮助你在上网过程中养成分腿垫步击球的良好习惯。练习时,保持起跳节奏,由慢到快。

(七)侧向碎步移动练习

练习方法:练习时面对终点方向,从起点迈入左腿后右腿立即跟上进入梯子,然后左腿再到梯子外后右腿碎步跟上,完成第一个左侧向移动(见图 3-3-7)。右侧用右腿碎步进入后左腿跟上完成右侧向移动,以此类推完成后续练习。

图 3-3-7　侧向碎步移动练习

练习要点：练习要求全程用前脚掌着地，碎步快速侧向移动，时间越短越好。

(八) 正手击球步法练习

练习方法:练习者肩向右转动,同时以右脚为轴向右转动,身体重心移至右脚,然后使左脚自然向前跨出,置于右脚前方,如此完成正手击球的步法。可反复练习(见图 3-3-8)。

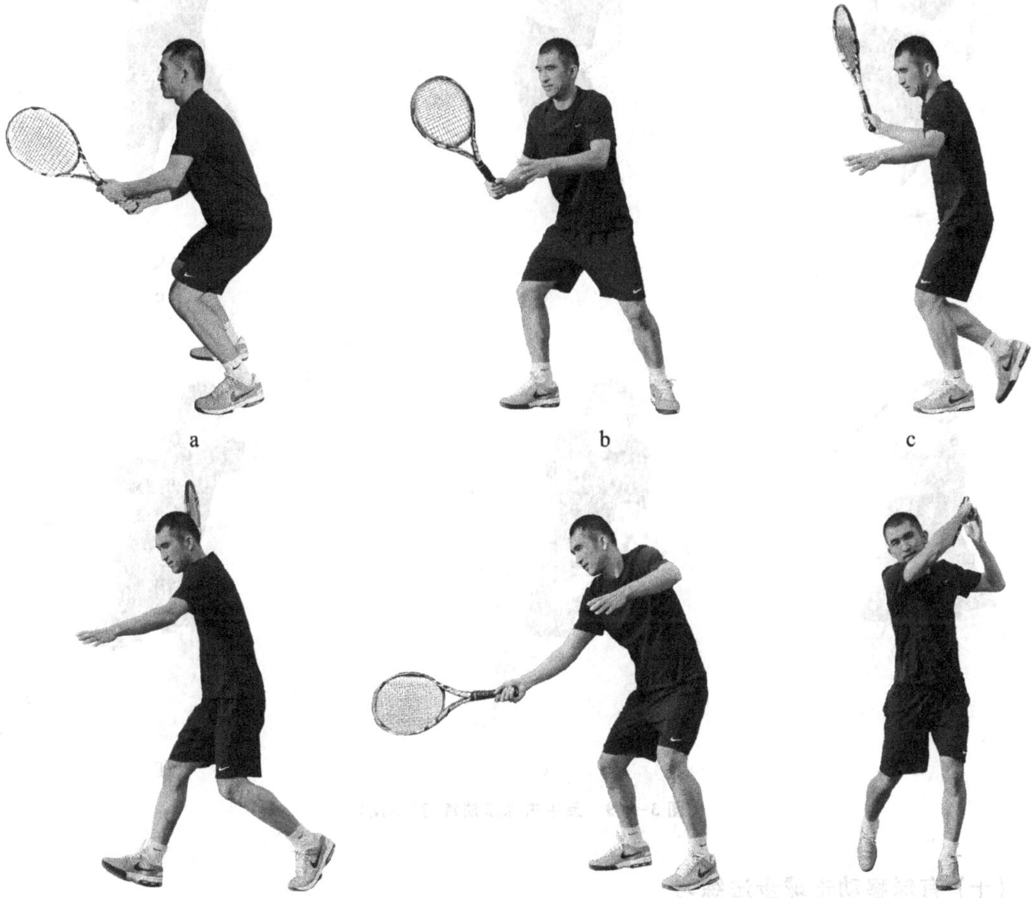

a　b　c
d　e　f

图 3-3-8　正手击球步法练习

练习要点:脚步移动配合重心转移进行。当左脚置于右脚前时,要求托拍手离开球拍颈部并指向前方,右臂置于身体右侧的位置。

(九) 反手击球步法练习(单反)

练习方法:以左脚为轴,向左转动并将右脚迈至左脚前,此动作即完成了反手击球步法。左手轻扶拍颈,双膝微曲从后向前,流畅挥拍(见图 3-3-9)。

练习要点:当右脚迈出后,身体重心应落在弯曲的右腿上。

图 3-3-9 反手击球步法练习（单反）

（十）有球移动击球步法练习

练习方法：正手击球时，向右转体（反手击球向左转），可同时采用分腿垫步、滑步、交叉步等移动步法跑至击球位置，最后一步完成正手击球（或反手击球）步法（见图 3-3-10）。

图 3-3-10 有球移动击球步法练习

练习要点:采用合理移动步法跑至击球位置并与最后一步击球步法有机结合,做到先大步后小步,先快速后慢速接近球。

三、击球站位

(一)关闭式击球站位

关闭式站位也称闭合式站位,在击打反手球时较常使用。由于身体结构的原因,反手采用关闭式站位更容易使肌肉达到最佳的长度以便发力。但由于在回位时需要增加一个制动步,因而移动速度相对较慢。

动作要领:两脚分开站立,通过转动臀部和肩部,迈步,将重心转移至外侧脚上,以支撑向后的引拍动作。球员的内侧脚向前迈,在开始向前挥拍之前,将重心转移到内侧脚上。身体重心保持在前脚上,直到球拍接触到球后。在随挥动作和还原动作中保持好平衡,后脚自然移动,并为下一次击球做好准备(见图 3-3-11)。

图 3-3-11 关闭式击球站位

（二）开放式击球站位

开放式击球站位可实现最大幅度的全身旋转，使整个腰腹完全拧紧，腿部和腰部的发力更为充分，因而击出的球能产生更为强烈的旋转。此外，开放式站位的击球点比较靠近身体，这给移动带来了更多的时间，由于双脚侧向自然分开，因而移动击球时速度更快，适合大范围的跑动击球及接发球技术。

动作要领：两脚分开站立，以双脚前脚掌为轴，向右侧身引拍，左肩对着球网，挥拍时身体重心从右往左移动，因此右脚要向后蹬地，击球后，可利用此力量迅速回位（见图3-3-12）。

图3-3-12 开放式击球站位

（三）半开放式击球站位

半开放式击球站位因双脚前后站立，击球点离身体较远，向前挥拍送球时间较长，力量较多，因而击出的球较重、较深。此外，该站位加快了进攻的频率，压缩了对方的击球准备时间，有利于运动员的积极主动进攻。

动作要领：两脚分开站立，以右脚前脚掌为轴，左脚向右前方上步，同时转肩转髋带动右手向后摆动引拍。侧向跨出的同时，拉开球拍，以左肩朝前的姿势向前挥拍。挥拍时，身体重心从右脚向左脚转移，腰和肩的转动越大，越能获得力量和速度（见图3-3-13）。

图3-3-13 半开放式击球站位

四、击球步法

(一) 底线正、反手击球步法

1. 跑动中正、反手击球步法

通常在大范围的移动中使用。正手击球时,身体重心转向右脚,左脚先向右侧跨出成交叉步,随后右脚跟进向右跨出,两脚交替进行,以最快的速度跑向来球,以开放式或半开放式的站位完成击球;反手击球时,动作相同,方向相反。

2. 正手侧身攻击球步法

在对方质量不高的来球落在反手位时使用。连续向左侧做侧滑步或交叉步,使身体侧向来球。在到达击球点前右脚向后撤步的同时侧身击球。

(二) 截击球步法

1. 近距离拦网截击步法

在对方来球离身体较近时使用。正手拦网截击,在对方击球瞬间双脚分腿垫步,随后左脚向右前方跨一步击球,身体重心随着击球动作迅速跟进;反手拦网截击时,则右脚向左前方跨一步击球。

2. 远距离抢网截击步法

在对方来球离身体较远时使用。正手抢网截击,在对方击球瞬间双脚分腿垫步,随后快速向右侧来球方向做交叉步移动,到达击球位置时右脚蹬地,左脚向右前方跨一步击球;反手抢网截击动作相同,方向相反。

(三) 高压球步法

1. 向后侧滑步高压球步法

在对方挑高球离球网较近时使用。移动时,身体右转的同时右脚后撤一步,侧身对球网,随后以侧滑步移动到击球位置,右脚蹬地,左脚支撑完成高压击球。

2. 向后交叉步跳起高压球步法

在对方挑高球较深时使用。移动时,身体右转的同时右脚后撤一步,侧身对球网,随后以交叉步移动到击球位置,右脚蹬地起跳在空中完成高压击球后,左脚先落地,右脚再向前落地。

(四) 发球上网步法

在完成发球击球动作后的一瞬间,左脚跳进场内,随后右脚向前跟进,迅速冲向网前完成击球动作。

(五) 随球上网步法

1. 正手抽球随球上网步法

在对方来球较浅、击球质量较差时使用。在击球的同时,右脚随着击球动作迅速向前跟进,顺势向前移动靠近球网。

2. 反手削球随球上网步法

在对方来球落在中前场反手位时使用。向来球方向移动,击球之前侧身,右脚向左前方跨步,击球同时左脚向右脚后侧滑步成后交叉步,右脚再向右前方上步,顺势靠近球网。

第四节 正手击球

正手击球指的是在本人握拍手同侧的地方对落地球的打法,它是网球基本技术中最常用的击球方法,是初学者最先学习的技术。据统计,一场比赛正手击球的使用率可以达到70%以上。正手击球技术的特点是动作舒展,击球有力,速度快,容易学习。在比赛中,力求获得正手击球的机会,正手击球后,可使本人在场上的位置更有利。

一、基本技术要领

正手击球技术由准备姿势、转体引拍、挥拍击球和随挥4个基本环节组成。

(一) 准备姿势

面对球网,双脚向前自然分开与肩同宽,双膝微曲身体略向前倾,重心落在双脚的前脚掌上,右手采用半西方式或西方式握拍法握拍,左手轻托拍颈,双肘微曲,球拍舒适地放在身前,拍头稍高于拍柄并指向前方,两眼注视对方来球,作好击球准备(见图3-4-1)。初学者要注意左手的作用,左手要扶住拍颈或用双手握拍法握拍,这样既可减轻右手的负担,还可以帮助右手快速变换握拍方法及做出向后转体引拍动作。

a　　　　　　　　　　　　　　b

图3-4-1　准备姿势

(二) 转体引拍

当判断来球需用正手回击时,转肩转髋带动右手向后摆动引拍,此时,双脚可采用"关闭式"、"开放式"或"半开放式"步法。引拍时肘部弯曲、自然下垂,拍头一般应高于持拍手,手腕放松,左手伸向前方,保持身体平衡。后摆引拍时身体重心移向右脚。引拍结束时,球拍对着后面的挡网

(见图 3-4-2)。初学者特别要注意做转体转肩的动作,保证引拍充分,避免只用手臂去打球。

图 3-4-2 转体引拍

(三)挥拍击球

向前挥拍击球时,应蹬地发力并向左转动身体,以左侧身体为轴,持拍手大臂带动小臂,沿着来球的轨迹迎前挥击。在击球时,手腕应固定,拍面垂直于地面。击球点一般在身体的右前方,与腰齐高或稍高于腰,击球高度可通过曲膝,调整身体重心高度来调节。大部分挥拍是自下而上的挥动,从而使球稍带上旋(见图 3-4-3)。初学者应注意,挥拍击球时眼睛要牢牢盯住球,直至球拍将其击中,否则,往往会导致无法用球拍中央的"甜点"部分击球,而将球打在球拍的边框上,严重影响击球的效果。对于初学者而言,能控制拍面,使拍面能对着击球方向最为重要,因为触球瞬间拍面所对的方向也就是球的飞行方向。

图 3-4-3 挥拍击球

图 3-4-4 随挥

(四)随挥

球触拍后,使拍面与球接触的时间尽量长些,挥拍沿着球飞行的方向前送,重心前移落在左脚,身体也随着转向球网,挥拍动作在左肩上方结束,肘关节向前。随挥结束,立即恢复准备姿势,准备下一次击球(见图 3-4-4)。初学者应注意,随挥动作是击球动作的有机组成部分,能使击球动作变得流畅、协调和舒展,更能保证击球的力量和控制球的飞行弧线和落点。

二、正手击球类型

网球正手击球从球的旋转性能分类,有上旋球、下旋球、平击球、侧旋球等不同旋转的打法。网球来球的方向、力量、旋转速度与方向,击球时的挥拍路线,触球时的拍面角度等因素影响着击球后球的旋转方向和飞行轨迹。不同的击球方法会导致不同的飞行轨迹和反弹效果(见图3-4-5)。自如运用各种击球方法,可以根据场上情况,掌握比赛的主动权。

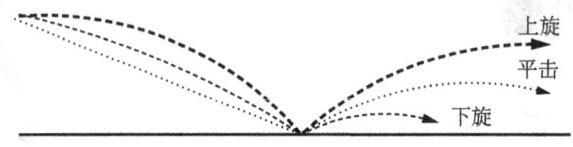

图3-4-5 不同旋转方式的球在空中飞行及落地后弹跳弧

(一)正手上旋球

1. 技术特点

上旋球的飞行路线呈向上弧线而后迅速下降,落地后反弹很高很远。上旋球的形成是由于球拍向上摩擦整个球体,使球产生上旋。由于球旋转速度快,球运行的弧线轨迹明显,俗称"弯月球"。这种打法是在击球时,加大向上提拉挥动的幅度,使球产生较为急剧的上旋。上旋球的特点是飞行幅度高,下降快,落地弹起的反射角度较小,前冲力较大。打上旋球最大的好处是便于加力控制,是正手击球中既能发力,又能减少失误的击球方法,因此,正手上旋球是目前网球选手们普遍使用的击球方法。上旋球还是破坏对方上网的有力武器,较低的上旋球落在对方上网人的脚下,使其难以还击。

2. 动作方法

正手上旋球技术同正手击球的4个技术环节相似。当判断来球需要用正手回球时,迅速向后引拍,右脚向侧迈出,侧对球网,曲膝降低重心;向前挥拍时,重心前移,在前脚右侧前方击球,拍面稍后仰,球拍从后下方向上、向前擦击球的后上部,使球产生从后下方向前上方的旋转。击球要有完整的随挥动作。

由于现代网球的上旋击球是普遍采用的方法,有必要做进一步分析和解释。究竟是什么力能使网球产生强烈的旋转呢?由于拍面与球撞击时拍线发生弯曲而下凹,部分球体被拍线兜住,如果这时向斜上方挥拍,位于球体下半部的弯曲拍线的弹性力就会大于上半部弯曲拍线的弹力,其结果,弹性力的合力就会向上偏离球心。弹性力偏离球心的距离虽然小于摩擦力偏离球心的距离(即球的半径,摩擦力沿球面的切线方向),但弹性力强度却远远大于摩擦力,它所产生的转动力矩也就远比摩擦力的力矩大。使球产生旋转的主要是这个力。怎样才能打出强烈的上旋球呢?要打出强烈的上旋球,首先必须像打平击球一样用力向前击球,将球"击入"拍线中。使球拍能"吃"住球;与此同时,即在球拍触球的同时,迅速将球拍向上拉起。向前、向上的动作要连贯流畅、一气呵成,形成一个球拍"兜住"球向斜上方发力的过程。仔细观看那些世界级高手打上旋球可以看到,他们在用力向前挥拍击球同时,常常有一个用手腕带动小臂迅速向上转动的动作,这样的动作就很好的体现了上述要求。有的人在打正手上旋球时过分着力"上拉"忽视了向前用力"平击",结果球拍"吃"不住球,上拉力也就无作用于球上,击出的球软弱无力而落网,以为是"上拉"不够,事实上这不是"上拉"不够,而是"平击"不够造成的。

(二) 正手平击球

1. 技术特点

平击击球时拍面与球接触几乎不产生分力,球沿着垂直于拍面的方向飞出(见图3-4-6)。事实上,纯粹的平击是没有的,只是或多或少地带有些上旋或下旋。其特点是速度快,着地后反弹较低,易于控制球路,比较适合初学者练习。在底线对拉相持中,如果平击球技术处理得好,不仅可以为进攻创造条件,而且还能直接得分。由于平击球的飞行路线平直而缺少弧线,发力击球时容易下网和出底线,一般击球点在高于球网时才比较适合打平击球。初学者利用简捷的挥拍动作,水平"碰击"球即可,动作简单易学,有利于学习者球感的提高和体会网球"整体"击球的感觉,容易打出有一定速度和较稳定的击球,能有效增强学习网球的信心。随着球感和身体整体协调击球能力的提高,逐步掌握拍面、挥拍轨迹、击球点等对球的控制后,就可以学习各种旋转球技术了。

图3-4-6 球的不同旋转方向示意图

2. 动作方法

来球时,迅速转体向后引拍,引拍要收紧腋下,直线向后,拍头对着身后挡网,左脚向前方迈出;向前挥拍击球时,手腕固紧,拍面与地面基本垂直,击球点在左脚右侧前方与腰齐高的位置;击球后充分随挥,使球拍挥至左肩上方,肘关节向前,重心移至前脚上;完成随挥动作,身体转向球网,做好下一次击球的准备。

三、正手击球练习方法

(一) 徒手练习

在没有场地,或在空闲时间内,可以随时做以下几项简单的场外练习来提高自己的网球技术水平,这些练习对技术的掌握和提高有很大的帮助。

1. 意念练习

练习目的:记忆动作过程。

练习方法:用意念的方法,在大脑默念正手击球技术(也可意念发球、截击、高压球技术等)基础上,按照动作要求,边默念,边做动作。在所有练习中,要保持技术的正确性,并能突出技术的特点。练习可由慢到快,并反复练习。

练习要点:了解用力顺序和肢体动作方法。

2. 原地徒手挥拍练习(也可结合抛球进行)

练习目的:掌握击球动作要领,熟悉动作方法。

练习方法:两人面对而立,相距一定距离(或多人围成一圈保持一定的间隔,抛球者站在圈中),同伴将球垂直向上抛起让球自由落下,球上抛时练习者做转体引拍动作,做好击球前的准备动作,待反弹到一定高度后,做正手击球挥拍动作。

练习要点:眼睛盯住球,完成整个动作过程,掌握好每个动作环节的节奏。

3. 判断击球点练习

练习目的:培养快速移动脚步,判断选择合适击球点的能力。

练习方法:两人面对面站立,相距4—5米。抛球者将球抛出,练习者移动脚步,用双手或单手在身体侧前方接住球,接住球后将球返还给抛球者。

练习要点:根据来球的速度和弧度判断来球的落地点,积极移动脚步,选择合适的接球位置。接球时,身体重心平稳,保持手臂弯曲,不能通过类似伸直手臂的动作来接球。

(二) 定点练习

1. 球拍在击球点位置击球练习

练习目的:体会正确的击球点位置。

练习方法:两人一组,抛球者站立在练习者的右前方,将球握住后(手心向下),松开手指,使球自由下落,练习者球拍拍面已做好击球动作,球拍在击球点的位置上,待球反弹到一定高度后,做向前击球挥拍直至将球拍挥到正确的结束动作位置(见图3-4-7)。

a　　　　　　　　　　　b

c　　　　　　　　　　　d

e

图 3-4-7 球拍在击球点位置击球练习

练习要点:眼睛盯住球,完成整个动作过程,掌握好每个动作环节的节奏。

2. 侧身引拍击球练习

练习目的:巩固技术动作,纠正错误动作,提高技术动作的熟练性和稳定性。

练习方法:练习者侧身对着击球方向站立,非持拍手指球,持拍手引拍于身体侧后方,做好拉拍上步姿势,抛球者在学生右侧前方,使球自由下落,当球落地弹起再下落时将球击出,击球结束后回到起始动作(见图3-4-8)。

a　　　　　　　　　　b

c　　　　　　　　　　d

e　　　　　　　　　　　　　　　　　f

图 3-4-8　侧身引拍击球练习

练习要点：注意击球时蹬地、转腰、送肩收臂的连贯性，控制好动作的准确性和节奏，挥拍不要太快，力量不要过大。

3. 准备姿势站立击球练习

练习目的：体会动作全过程，巩固击球动作。

练习方法：练习者面对击球方向以准备姿势站立，抛球者在练习者右前方放球，当球自然下落弹起再下落时击球，击球结束后回到初始姿势准备下一次击球（见图 3-4-9）。

a　　　　　　　　　　　　　　　　　b

c　　　　　　　　　　　　　　　　　d

图 3-4-9 准备姿势站立击球练习

练习要点:注意引拍时机和动作节奏,随挥要充分完整,动作舒展流畅。

4. 击手抛球练习

练习目的:提高判断来球落点、高度和角度等能力,体会引拍上步、转腰击球以及收拍随挥的完整动作。

练习方法:练习者面对击球方向以准备姿势站立,抛球者在学生右侧前方 2—3 米处手抛球,当球落地弹起再下落时将球击出,注意尽早转体引拍,动作放松自如,随挥充分完整,击球结束后回到起始姿势,准备下一次击球(见图 3-4-10)。

e　　　　　　　　　　　　　　　　　　　　f

图 3-4-10　击手抛球练习

练习要点:注意击球动作的连贯性和节奏感,根据球的高度调整重心和球拍高度,挥拍不要太快,力量不要过大,体会身体重心由后向前的转移。

(三) 对墙(挡网)练习

1. 正手击落地球练习

练习目的:固定基本技术动作。

练习方法:距墙 5—8 米,面对墙站立,进行正手击落地球练习。开始时,允许球反弹两次再击球,有一定控制能力后,必须在球第二次落地前击到球,争取连续击打到更多的次数。与墙距离可由近至远,速度可由慢变快。

练习要点:脚步积极移动,尽量打反弹后下落的球,击球时拍面对着墙面。在练习中,体会侧身、引拍、击球、随挥等动作。

2. 双人配合击落地球练习

练习目的:培养对正确击球点和击球方向的控制。

练习方法:两人一组面对墙壁平行站立,用正手轮流击打由墙反弹回来的球,保持连续击球。

练习要点:尽量将球打向同伴站立的前方,让球从墙面反弹回来落在其身体附近。双方都应控制击球的力量和方向,以稳定技术动作为主。

3. 多人连续击落地球接力练习

练习目的:锻炼对来球情况的判断及击球力量的控制。

练习方法:排成一列纵队,第一人将球用球拍送向墙壁后,然后退至队尾,第二人及时跟上,选择适当的位置运用正手击打由墙反弹回来的球,然后也退至队尾,按照此顺序进行接力击球练习。

练习要点:每个人击球后应及时跑开,避免与下一位同伴造成碰撞,影响到练习的持续性。

4. 落地球击准练习

练习目的:提高击球控制方向的能力。

练习方法:在墙壁距地面 1 米以上的位置画一个方框或圆圈作为击球目标,每次击球尽量将球击打到目标范围内。

练习要点:为提高控制球拍和球的能力,脚步要及时移动到位,击球瞬间保持侧肩对着墙壁,击球点一定要在身体的侧前方,拍面对着目标。

(四) 场上练习

1. 中场击送球练习

练习目的:加强正手击落地球的稳定性和完整性。

练习方法:练习者面向球网站在发球线后,同伴站在对面场地发球中线和发球线交界处用球拍将球送向练习者,进行正手击球练习。击球动作熟练后可由定点过渡到移动击球,区域也逐步扩大,击完球后快速回到原位。

练习要点:同伴球拍一接触到球,就应及时转体引拍,击球前脚步一定要做出小碎步调整,使击球点更加准确,并保证击球动作完整。

2. 底线击送球练习

练习目的:提高移动和对来球的判断能力,进一步完善击球的稳定性和完整性。

练习方法:练习者面向球网站在底线中间,同伴站在对面场地发球线与发球中线交接处用球拍将球送向练习者,进行正手定点击球练习。

练习要点:主动发力,体会发力链的协调用力,加快拍头挥动速度,提高击球远度和落点的控制能力。

3. 底线移动正手击球练习

练习目的:提高练习难度,巩固正手击球动作,加强底线正手击球能力。

练习方法:同伴在对面后场持拍送球,练习者站在底线中点附近开始移动并击球,击球后,回到中点重复练习。

练习要点:注重移动和击球的配合,击球点精确,移动快速,击球动作协调。

4. 小场地落地球对击练习

练习目的:建立包括移动在内的完整技术动作概念,提高控球能力。

练习方法:双方分别站在各自发球线后,运用击落地球技术动作,将球打到对方发球区内,控制好引拍幅度和力量,可进行直线或斜线击球的练习。

练习要点:近距离对击球的关键是引拍要早,移动及侧身要快,力量要柔和,体会送的感觉,强调控制球和建立良好的球感。

5. 场上直线和斜线球练习

练习目的:提高正手控球能力,建立基本的击球路线意识。

练习方法:两人在底线附近进行正手直线和斜线对打练习,增加击球的稳定性和连续性。

练习要点:每一次击球都应该注意动作质量,明确直线和斜线击球点的不同点。斜线击球点相对靠前。

6. "N"字型击球练习

练习目的:加强击球变线能力。

练习方法:4人分别在各自球场左右半区底线后,其中一方两人所有来球均打直线,另一方两人均打斜线,双方控制好击球的力度及准确性,变换击球路线,加强手上处理球的感觉。一定练习后,变换击球路线。

练习要点:练习双方明确击球路线,控制好击球节奏,变线时要积极利用脚步移动调整身体位置,击球瞬间拍面对着击球方向。

7. 底线"一打二"击球练习

练习目的:增加击球的强度,提高技术运用能力。

练习方法：一方一人站在球场右区，用正手击球动作将球击向对方场地的右区和左区靠近底线的位置，对方两人分别站在场地底线后，在右区的人尽量用正手击球，左区的人尽量用反手击球。

练习要点：一人方脚步移动要积极快速，尽量将球击到准确的两点。两人一方应控制好击球路线及力量，使练习持续进行，达到多拍的目的。

8. 多点组合练习

练习目的：培养移动中选择合适击球方法的能力。

练习方法：一人站在场地中间隔网送球。练习者站在右区底线后开始，按正手底线击球、正手侧身攻球、中场正手凌空抽击球的击球顺序，将同伴送来的不同位置3个球还击过去，可连续进行多组练习。

练习要点：每一拍击球应保证完成动作及击球质量，并保证重心及时向前跟进。如果感觉中场凌空球有难度，可先从击落地球开始，逐步过渡到凌空抽击球。

四、正手击球易犯错误与纠正方法

错误1：击球时右脚前踏。

纠正方法：跑动及时主动，养成右脚踏在击球点后再跨出左脚击球的习惯。

错误2：击球时直腿直腰用拍捞球。

纠正方法：可采用"坐凳击球"的方法，拉拍后引肘迫使自己曲膝，好像坐在凳子上一样，然后击球。

错误3：不能把球打在拍子的中央"甜点"部位。

纠正方法：集中注意力，努力盯住来球直至将球击出。

错误4：后摆过度造成手腕后撒。

纠正方法：后摆动作结束时，球拍指向球场后方挡网；向后引拍时，在击球臂腋下夹一个网球，引拍时保证球不落地。

错误5：只用手臂的力量击球。

纠正方法：强调蹬腿、转体，协调用力，用躯干带动手臂击球。

错误6：击球手臂仅挥至胸前或腹前，向上挥拍不够。

纠正方法：要尽量向前上方随球挥拍，直至拍头向上，肘关节向前，强化左手在左肩上方扶拍动作。

错误7：引拍慢，击球点靠后。

纠正方法：提示球在过网前，就要提前引拍，并不断练习教练送来的前点球，养成重心前移，向前击球的习惯。

第五节 反手击球

反手击球和正手击球一样，也是网球技术中最常见的击球方法。初学者一般先学习正手后再学反手，这是因为，用右手的人，习惯于在身体的右侧做事，正手的拉拍动作既方便又容易，身体向右转动已成习惯。正手有了一定的基础,对球的弹跳规律已熟悉,再学习反手就比较容易。反手的许多动作要领与正手相似,只是方向相反。大部分学习网球的人反手练习时间和强度均小于正手击球,因此反手击球在比赛中都被对方当作弱点来对付,如果底线反手击球技术掌握得好,就能在比赛中扭转被动挨打的局面,提高比赛的控球能力。

一、基本技术要领

反手击球分为单手反手击球和双手反手击球。每个人根据自己的力量和习惯采用单手反手或双手反手击球,两者击球技术都是由准备姿势、转体引拍、挥拍击球和随挥4个环节组成。

(一) 准备姿势

准备动作与底线正手击球准备动作相同。单手反手选手左手扶住拍颈,便于调整握拍,双手反手选手采用双手握拍法。

(二) 转体引拍

当判断对方来球飞向反手侧而决定打反手球时,应立即转肩,在左手的帮助下迅速完成反手握拍动作,并转肩带动球拍向左后方摆动,手腕绷紧、后伸,双肩夹紧,肘关节自然弯曲、下垂。同时,左脚掌转动,右脚随着身体左后方转动做向前方上步动作,成"关闭式"步法,并使右肩或右背对网,拍柄底部对着击球方向,全身自然放松,注意力集中。

(三) 挥拍击球

向前挥拍击球时,应蹬地发力并向右转动身体,以右侧身体为轴,沿着来球的轨迹迎前挥击,球拍由后下向前上方挥出。在击球时,手腕应固定,拍面垂直于地面。击球点一般在身体的左前方,与腰齐高或稍高于腰,击球高度可通过曲膝、调整身体重心高度来调节。初学者应注意,当向前挥拍击球时,朝着球网一鼓作气地回身转腰,手腕紧锁,在将要击球时刻,身体重心由后脚移向前脚,使身体重心顺畅地移到击球中去。

(四) 随挥

反手击球动作由于腰的扭转,击球后身体面向球网,为了控制球,球拍跟进动作应向上挥到肩或头部的高度,同时保持身体平衡并准备下一拍的击球。

二、反手击球类型

(一) 单手反手击球

1. 技术特点

单手反手技术对击球手臂力量要求较高,男子使用单手反手技术人数大于女子。单手反手击球的特点与正手上旋球相似,球落地后反弹又高又远,容易加力控制。其优点在于更方便地快速出球,单手反手击球步法可以更快到位,因而控制范围广;单手反手击球动作舒展,击球力量足,攻击角度大而且灵活性极强。运动员如能熟练掌握,就能在比赛相持对拉时争取主动,给对手出其不意的进攻,为进攻得分创造有利条件。

2. 动作方法

一旦判断决定打反手球,应立即向左转肩,并由转肩带动球拍向后,在左手扶拍颈的帮助下调整为反手握拍法,同时脚掌转动,重心移向左脚,侧身对网。球拍后拉时,拍头稍高于来球,右肘部自然靠近身体。开始向前挥拍时右脚向左前方跨步,呈"关闭式"步法,跨步能使身体重心跟进并保持平衡,同时要保持曲膝以使球拍从球的下方击球。拍头自然向下后,向上挥击球,球拍移动的弧度增大,打出带上旋的反手球,击球点在跨出脚的前面。击球后手臂应自然向前上方挥到尽头,拍头处于手腕上方。随着腰部的转动,面部重新转过来朝着球网的方向,此时球拍大致停于右侧高处。每击完一次球后,应马上恢复准备姿势以迎击下一次来球(见图3-5-1)。

图 3-5-1 单手反手击球

开放式单反多用于接发球和移动中的击球。单手反手开放式的转肩要点和关闭式差不多,区别在于是否能充分转肩,开放式单手反手的重心开始多在左脚,对右脚的位置要求并不高。

(二) 双手反手击球

大部分学习网球技术的人都有这样的体会,自己的反手技术不及正手技术好,这和正手技术击球次数多,反手击球次数少有关。由于开始学习的技术往往是正手技术,因此一般的业余选手大多采用"正手攻击,反手防御(以削球为主)"的打法。当今,优秀网球选手一定是技术全面的选手,压迫性、进攻性打法成为比赛的主流,进攻就是最好的防守,反手的攻击性打法已成为球员必须掌握的一项基本技术。

1. 技术特点

目前世界上大部分网球运动员采用双手反拍技术。双手反拍握拍技术具有准确、隐蔽、有力、动作变形小的特点。双手反拍击球能像正手击球一样,打出高质量、高难度、高速度的进攻球。对于初学者来说,由于击球时双手在拍柄上有两个支撑点,握拍容易固定球拍拍面,拍面稳定性强,击球更容易掌握。双手反拍击球不论来球高低,都便于对球施加上旋,发力击球也比较容易弥补反手击球力量不足的弱点。双手反拍的弱点是控制范围小,脚步移动要求更快。

2. 动作方法

一旦决定反手击球,尽早转体引拍,拍面要稍开一些,右脚向边线方向迈出一步,使身体形成侧身对网,把身体重心移到左脚,此时两膝微曲,重心略下降,右肩前探,下颚靠近右肩。开始向前挥拍时,要积极蹬腿转腰,两臂协调一致用力前挥,前挥是平滑而连贯的动作,将球拍伸入球的下面击球,积极使用左手的力量,眼睛始终盯球。用手臂由低点向前上挥拍,身体重心前移。随挥动作是由转动上体、使后肩向着球飞去的方向绕出而完成,把拍带到身体另一侧,在高处结束随挥动作(见图3-5-2)。

图 3-5-2　双手反手击球

三、反手击球练习方法(以双手为例)

(一) 徒手练习

1. 徒手投掷球练习

练习目的:体会正确的反手击球动作。

练习方法:用双手夹住网球向后引拍,随着转腰身体重心自左脚移到右脚,带动两臂向前挥动,顺势将球抛出(见图3-5-3)。

练习要点:掌握身体协调发力,力量由下肢传递到上肢,抛球的时候避免只用手腕的力量将球甩出。

图 3-5-3 徒手投掷球练习

2. 地面起球练习

练习目的：体会身体协调用力过程。

练习方法：将网球放置在发球线上，采用关闭式站立，右肩对着网球，双手挥拍将网球回到球网对面（见图3-5-4）。

d e

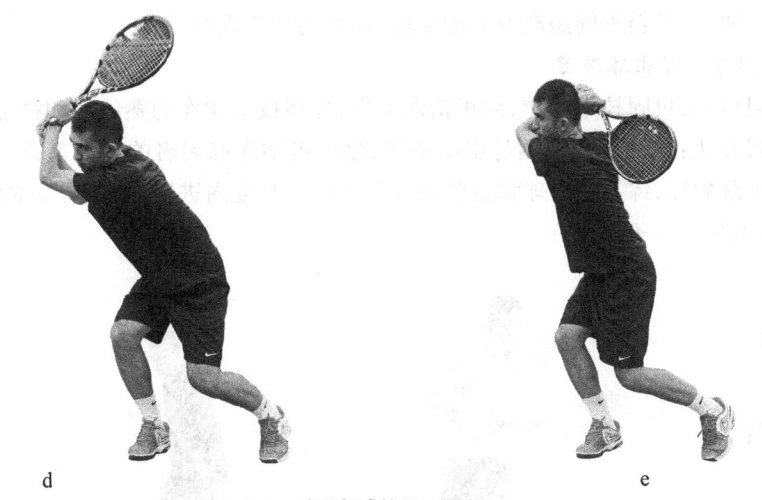

图 3-5-4 地面起球练习

练习要点:手臂放松,体会左手用力的感觉,以及手臂、腰、肩随击球方向的协调转动。

(二) 定点练习

1. 自抛自打练习

练习目的:体会完整动作过程。

练习方法:面向球网站立,自己抛球。首先用反手打不落地球,一定次数后,再打落地反弹后再下降至腰高的球(见图 3-5-5)。

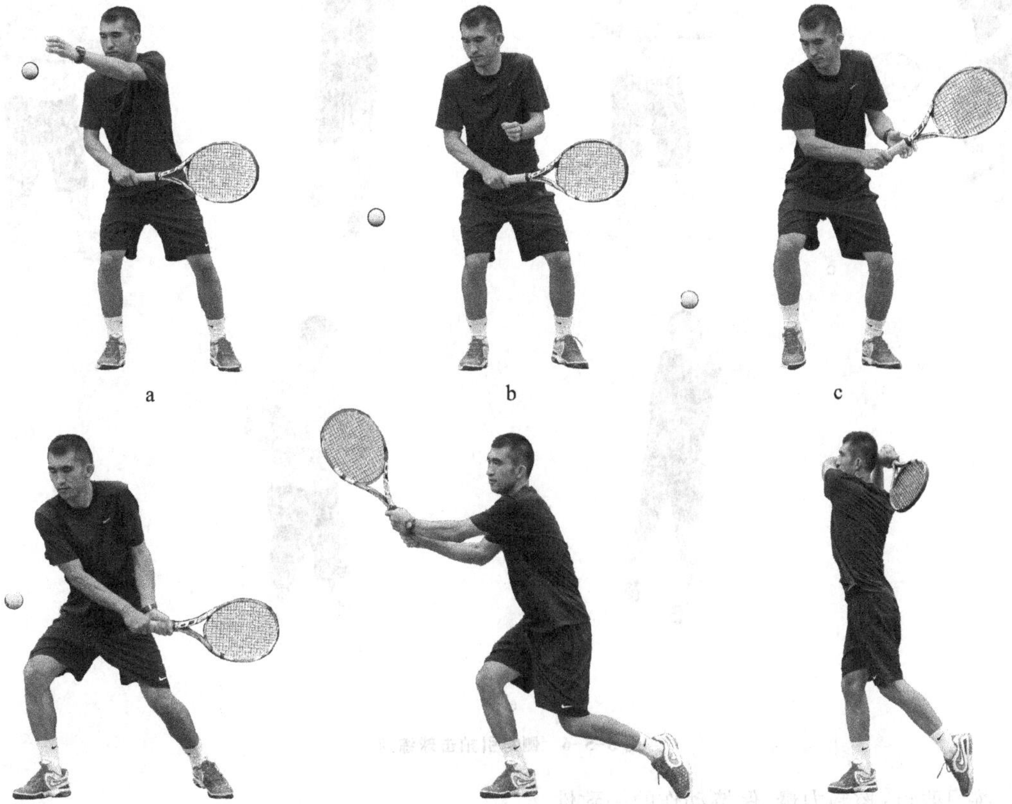

a b c

d e f

图 3-5-5 自抛自打练习

练习要点:体会不同距离发力的幅度,保持动作的完整性。

2. 侧身引拍击球练习

练习目的:巩固技术动作,纠正错误动作,提高技术动作的熟练性和稳定性。

练习方法:练习者采用侧身引拍姿势,抛球者站在练习者的左侧前方,在击球点的位置上原地垂直下落抛球,练习者在球弹到膝关节到腰这一高度内进行击球,反复的练习直到发力转身流畅为止(见图3-5-6)。

图 3-5-6　侧身引拍击球练习

练习要点:控制力量,保持动作的一致性。

(三) 场上练习

1. 短距离抛球练习

练习目的：提高移动和对来球的判断能力。

练习方法：抛球者站在单打边线和发球线交叉点后 2—3 米处，练习者在发球线后准备击球，随着熟练程度的增加，逐渐后退至发球线和底线的中间位置和底线位置，增加回球的难度（见图 3-5-7）。

a

b

c

图 3-5-7 短距离抛球练习

练习要点:练习者在击球的过程中体会和判断球的飞行路线、轨迹、速度及旋转等,移动到正确的击球位置进行击球,完成击球动作。

2. 隔网送球的练习

练习目的:加强反手击球的稳定性和完整性。

练习方法:练习者站于球场发球线后,并做好击球前的准备姿势,同伴站于对面发球线和中线交叉的"T"点附近,采用多球练习,把球喂到练习者的反手位,练习者在移动中完成反手位击球,击球路线可多变,击球完成后应迅速回到底线中央处做好下一拍练习的准备,分别完成发球线—发球线和底线中间位置—底线三个位置的多球练习。

练习要点:同伴在喂球时也可将球的旋转和球速加以变化,喂出快速、慢速球与短球,以增强练习者对各种来球的应变能力,提高练习者的实战能力。

3. 小场对打练习

练习目的:建立完整技术动作概念,提高控球能力。

练习方法:两人一组,练习者分别站于球场发球线后,并做好击球前的准备姿势,同伴站于对面发球线后,采用下手发球,把球发至对方练习者的反手位,练习者在移动中完成反手击球,击球路线尽可能地击在对方反手,击球完成后应迅速回到原来击球的位置,脚步保持原地移动,做好下一拍击球的准备。

练习要点:同伴在下手发球时要尽可能地控制球,将发球落点控制在小场地内,以增强练习者对各种来球的控制能力,提高练习者在移动中对来回球的击球控制能力。

4. **底线直、斜线击球练习**

练习目的:体会手反手击球的动作要领和提高反手移动击球的稳定性。

练习方法:两人一组,分别站在左右半区底线后,进行反手直、斜线击球练习;熟练后,1人固定站在球场左区击反手直、斜线球,同伴左右区跑动中击直、斜线球,回击对方来球(同伴也可增加为2人左右半场站位)。

练习要点:练习者在以上练习中要注意掌握好击球的落点和力量,增加击球稳定性,尽可能地多打上几个来回。

5. **自由对击练习**

练习目的:提高正反手判断、移动及控球能力。

练习方法:两人一组各自不固定站在球场两边靠近底线处,分别根据来球的落点,迅速移动到位,用正手或反手击球技术将球击打过网,击球的落点尽量靠近底线。落点在反手位的球,尽量用反手回击球。

练习要点:合理利用正、反手击球的技术,提高正、反手击球的稳定性。

6. **黄金通道练习**

练习目的:提高正、反手击球的控球能力。

练习方法:练习者在底线后双打与单打边线中间通道(黄金通道)进行正、反手击球练习,要求击球落在黄金通道内。

练习要点:练习中脚步积极移动,保持击球的精准性。

四、反手击球易犯错误与纠正方法

错误1:转肩不到位,转体不充分。

纠正方法:

(1)多做徒手的转肩、转体练习,体会大幅度转动时肌肉的感觉。

(2)从转肩、转体的姿势开始,反复击打定位球,逐渐形成正确的动作技术。

(3)移动击球练习时,要送球速慢、反弹小、靠前的球,保证练习者有足够的转肩、转体时间。

错误2:击球太晚,球靠身体太近。

纠正方法:

(1)加强步法练习,提高脚步移动到位率。

(2)反复做判断落点的移动练习,让反弹球控制在身体的前方。

(3)反复进行反手定位、定点练习,巩固合理的击球位置。

错误3:站着击球,击球点太高。

纠正方法:

(1)从坐凳或低位引拍开始,进行定位球的击球练习。

(2) 挥拍练习时,在击球点位置拉一条橡皮筋或其他标志,强化降低重心和降低击球点的训练。

(3) 多打短而低的移动球,强化向前跨步和降低重心的击球训练。

错误4:全身动作不协调,仅靠手臂击球。

纠正方法:

(1) 多做徒手蹬、伸、转体辅助练习,也可手持器械,强化"蹬转"的训练。

(2) 对墙或围网,做定位球击球练习,击球手臂固定,仅靠蹬、伸、转体的力量将球击出。

(3) 每次击球后稍做停顿,看是否重心前移,面对球网,是否完成自然随挥动作,强化蹬腿和转体训练。

错误5:过分追求上旋,造成击球无力。

纠正方法:

减少手腕的甩动,协调运用腿、腰和手臂的挥拍力量击球,不做使球拍翻滚过球的动作。

第六节 发 球

一、技术特点与作用

发球是网球比赛基本技术之一,它是网球比赛中唯一由自己掌握而不受对方影响的技术。相对于底线击落地球而言,发球对大部分学习的人来说是一项比较难掌握的技术,因为发球时动员的身体部位较多,需要肌肉的协调程度较高,击球落地区域小。高水平比赛中,球员保住自己的发球局是赢取胜利的关键和基础。当今,平击发球、上旋发球和切削发球是网球常见的3种发球技术。但无论是哪种发球,基本都包括握拍、准备姿势、抛球、挥拍击球和随挥动作组成。

二、基本技术要领

(一)握拍

发球的握拍方法一般采用"东方式反手"或"大陆式"握拍法,"东方式反手"握拍法可以发出更为旋转的上旋球。许多网球初学者都喜欢用东方式正手握拍进行发球,如果采用此种握拍方法发球的话,球出手后很可能会偏向一侧,因为在自然情况下拍面并没有对着发球区。

(二)准备姿势

侧身左肩对着发球区,双脚自然分开与肩同宽或略宽于肩,左脚与底线约成45°度,右脚几乎与底线平行,两脚尖连线的延长线指向发球区。右手持拍,拍头指向前方,左手持球,球自然放在持球手拇指、食指及中指三指上,无名指和小指自然曲于球的后部,切忌用力将球握在手里或捏在手里(见图3-6-1)。

图3-6-1 准备姿势

(三) 抛球

1. 抛球方法：在准备动作的基础上，持球手的肘部渐渐伸直并向下靠近持球手同侧的大腿，然后从腿侧自下而上将球抛起。在整个动作过程中，手臂保持伸直状态，其走势与地面垂直，掌心向上，以拇指、食指、中指三指将球平稳托起（见图 3-6-2），尽量避免勾指、甩手腕等手部小动作，以免影响球的平稳走势，球在空中的旋转越少越好。球脱手的最佳点在手掌走势的最高点，脱手过早或过晚都不利于对球的控制，脱手时托球的三手指已最大程度地展开，球不是被"扔"到空中而是被"抛送"到空中去的，初学者应对此多作体验。

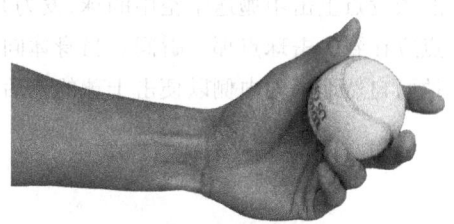

图 3-6-2 握球姿势

2. 球脱手后在空中的位置：一般来说，第一发球强调出球的速度与攻击力，击球点较靠前，因此球也抛得较靠前。第二发球较为保守，在保证成功率的前提下强调球的旋转和控制球的落点，击球点也就相应后移，因此球自然要抛得靠后一些。

3. 抛球高度：球抛到空中的高度不能低于持拍时伸直手臂球拍所能触及到的高度，究竟多高才合适要视个人情况而定。

(四) 挥拍击球

传统的抛球与挥拍击球是同时开始进行的，这种方法比较容易掌握。放慢持拍手臂的方式，近年来也被许多顶级职业球员所采用，目的是为加速拍头，让击球的力量更大，但对击球节奏的要求更高。挥拍击球的环节包括以下几个部分。

1. 后摆引拍：以准备姿势为基础向持拍手一侧转身，同时持拍手引导球拍贴近身体像钟摆一样将球拍摆至体后（见图 3-6-3）。

图 3-6-3 后摆引拍

图 3-6-4 背弓动作

2. 背弓动作：球拍后摆至一定高度后，以肘为轴，小臂、手、拍头依次向体后、背部下吊，同时曲双膝并伴随身体后展呈"弓"状（见图 3-6-4）。

3. 击球：在曲膝、背弓动作的基础上自下而上依次蹬直踝部、膝部，反弹背弓并向出球方转体，挥拍击球时肘部有一个引导小臂、球拍下吊至背后再以肘部为轴带动臂、拍摆向击球点的过程。这一过程好像在用拍头给后背搔痒,故被称为"搔背"动作,其目的是让持拍手能有一个获得摆动速度的过程,为到达击球点一瞬间力的爆发做充分的准备(见图 3-6-5)。当球下降至击球点时,迅速向上挥拍击球,左脚上蹬,反弹背弓并向出球方向转体,使手臂和身体充分伸展,在力的爆发点上击中抛送于空中的球,发力是自下而上一气呵成的,球拍走势最快、最具爆发力的一点应在到达击球点那一瞬间。当身体向前上方伸展击球时,肩、手臂已经回转,双肩与球网平行,拍面自然地稍向内侧以便击于球的侧后部,发出侧上旋球或侧旋球(见图 3-6-6)。

图 3-6-5　搔背动作

图 3-6-6　挥拍击球

图 3-6-7　随挥动作

(五) 随挥

击中球时虽然挥拍击球动作已告完成,但整个发球过程却仍在继续。球发出后,身体向场内倾斜,保持连续、完整的向前上方伸展的随挥动作。球拍挥至身体的左侧,重心移向前方,左脚先落地,右脚自然跟进,保持身体平衡(见图 3-6-7)。

三、发球类型

(一) 平击发球

1. 技术特点

平击发球在诸种发球中是球速最快的发球法,也叫谓"炮弹式"发球,是指以平行于球网的拍面击球的后中上部,使球平直飞行的发球方法。平击发球以"大陆式"握拍法为主,发球球速快,力量大,而且常常贴着网上沿进入发球区,由此,发球的失误也较高,常用于第一发球。如果身材高大就可以借助高点击球的空中优势直接进攻对方;如身材较矮小就不宜使用平击发球。

2. 技术要领

(1) 抛球点应在身体的前上方,高度在身体向上伸展的最高点或更高。
(2) 引拍结束时扭紧身体,全身呈较明显的背弓状。
(3) 尽量在最高点击球,触球时以拍面中心平直对准球,击球的后中上部,拍面与击球方向垂直。
(4) 击球时前臂的"旋内鞭打"非常重要。

（二）上旋发球

1. 技术特点

这是以上旋为主，侧旋为辅的发球法。由于球的上旋成分多于切削发球，使球产生一个明显的弧形飞行轨迹，发力越强，旋转成分越多，弧形就越大，命中率也越高，常用于第二发球。上旋发球反弹高，可迫使对方离位接球，给对方造成很大压力，同时为发球上网带来足够的时间。

2. 技术要领

（1）发上旋球时把球抛到头后偏左的位置，击球时身体尽量后仰成弓形，利用杠杆力量对球施加旋转。

（2）拍面的触球点在球的中部偏左下方，并向球的右上方擦击球的背面，恰似钟面的七时向一时做包裹似的擦击，使球产生强烈的上旋。

（3）击球点较平击发球和切削发球稍低，手腕的扣击动作明显大于切削发球和平击发球。

（4）敢于发力，充分完成技术动作，拍头速度不减。

（三）切削发球

1. 技术特点

这是一种向右侧旋转（略带上旋）为主的发球法。由于球落地后向外侧跳可以把对手拉出场外，在右区发球时常被采用。该发球球速较快，准确率和成功率也很高。

2. 技术要领

（1）发球时把球抛到右侧斜上方，高度比平击发球的位置偏低。

（2）球拍快速从右侧中上方至左下方挥动，击球部位在球的中部偏右侧，使球产生右侧旋转。

（3）要有扣腕动作，随挥要充分。

（四）下手发球

下手发球也许很难列入正式发球技术中，但对于一般网球爱好者来说可能也是一门有用的技术，如用于确保二发成功或用于"偷袭"，造成出其不意。你可以把球发到发球区里的任何一个位置（特别是对手弱的那一边），并根据对手站位发出上旋、下旋或侧旋的球。

下手发球可采用大陆式、东方式等握拍方法。发球时身体侧对发球方向，两脚的连线对着发球区，重心在两脚之间，膝盖弯曲。左手持球，手臂伸直，并将球置于左脚尖的前方；右手持拍，自然向后引。然后左手将球稍向上抛，眼睛盯住球，右腿蹬地转腰后带动手臂向前挥动，拍头击球前要低于球，击球时拍面稍稍打开。击球手臂和球拍应尽可能长地向前上方随挥。

四、发球练习方法

（一）徒手挥拍模仿练习

练习目的：建立动作概念，了解动作过程。

练习方法：根据技术动作的要领，将动作分解为抛球、向后引拍、向上挥拍击球、随挥动作等环节，反复练习，熟悉动作过程和要领。徒手挥拍练习最好对着镜子做，可以看到自己的动作，练习的效果会更好。

练习要点：熟悉动作过程，掌握动作节奏点，动作由慢到快。

（二）抛球练习

练习目的：能抛出稳定的球。

练习方法：双脚前后站立，侧身对墙壁或挡网，抛球手臂沿着墙壁或挡网由低向高抬起进行抛球练习，使抛出的球沿墙壁或挡网垂直上下。

练习要点：手臂伸直并保持平稳向上抬，想象自己的手掌像电梯一样将球托送到空中。将球放在指根部位，球出手时掌心向上顶。

（三）掷球练习

练习目的：体会身体协调发力。

练习方法：侧身站立，右手持球置于右肩上，左手指向前上方，转体在手臂挥至最高点时掷球，同时转动左肩并让后腿跟上来。练习者可站在底线，向网前或挡网投掷（见图 3-6-8）。

图 3-6-8 掷球练习

练习要点：蹬腿、转腰、甩手腕，体现鞭打动作。

（四）抛球、抓球练习

练习目的：掌握击球的节奏与时机。

练习方法：侧身站立，左手抛球，右手臂伸直手臂在击球点处抓住球（见图3-6-9）。

图 3-6-9　抛球、抓球练习

练习要点：提高抛球的稳定性，体会左右手的配合。

（五）击固定球练习

练习目的：掌握正确的击球点。

练习方法：将一球固定悬挂在身体的右前上方，练习者从后摆引拍开始，到前挥击球，反复击打悬挂球（见图3-6-10）。

图 3-6-10 击固定球练习

练习要点:体会用力顺序,全身协调用力。

(六)分解动作击球练习

练习目的:掌握正确的击球点与击球节奏。

练习方法:侧身站立,发球前将球拍置于肩后,左手抛球,右手向上挥拍,将球轻打过网至发球区,可以从发球线后位置开始逐渐后退移至底线(见图3-6-11)。

a　　　　　　　　　　b　　　　　　　　　　c

d　　　　　　　　　　e　　　　　　　　　　f

图3-6-11　分解动作击球练习

教法要点:提高对网球的控制能力。

(七)跪式发球练习

练习目的:体会球拍向上挥击球的感觉。

练习方法：先在发球线后，前腿膝关节弯曲，后退曲膝跪地，球拍直接置于肩上进行发球。然后逐步退到底线采用相同的动作练习(见图 3-6-12)。

图 3-6-12　跪式发球练习

练习要点:击球时,球拍要做出向上挥摆的动作,身体不需要做出转体的动作,体会手臂由曲到伸击球的感觉。

(八) 对墙发球练习

练习目的:提高发球的稳定性。

练习方法:在网球墙上画一条与网齐高的线,并标出中心拉带线,在中心拉带线两侧间隔2米处的横线上方各画一条竖线;然后距墙6米左右,对墙练习发球,并分别发向每侧的两个目标区。随着技术的提高,发球位置可逐渐后移,最后移至距墙12米左右,同网球场上的实战发球相似。

练习要点:保持侧身对墙站立,抛球与挥拍动作要协调,击球瞬间身体充分伸展,球拍面对准所要发的方向。

(九) 场上不同站位发球练习

练习目的:了解场上发球感觉,掌握场上发球基本技术。

练习方法:练习时,首先站在发球线后,球拍置于右肩上,将球发向对方球区。然后退至发球线与底线之间的区域,运用完整动作发球,体会球拍向前—向下击球的感觉。最后退至底线发球位置,体会球拍向上—向前—向下挥拍的感觉。

练习要点:根据不同的距离,调整发球的力量及拍面下压的角度,控制好发球的力量。

(十) 控制发球落点练习

练习目的:提高发球的变化能力。

练习方法:将标志放在发球区内角、外角、中间三个点位置,按照标志点进行发球,提高发球的变化能力。

练习要点:主要从转体的程度上进行调整发球的落点,外角发球转体的幅度相对大一些,并且还要注意拍面的控制。应尽量做到相同的站位发出不同落点的球,采用不同形式的发球发出相同落点的球。

五、发球易犯错误与纠正方法

错误1:球抛的不稳定,抖腕发球,影响击球的准确性。

纠正方法:可能没有直臂上送球,过多使用手腕和手指的力量,要把自己的手掌想象成一部电梯,平稳将球向上托起。同时学会利用腿的蹬地力量帮助手臂向上抛球。

错误2:击球点过低。

纠正方法:练习者反复击打高点的固定目标,体会击球时伸展身体的本体感觉。

错误3:击球点靠后。

纠正方法:明确正确的击球点,切削发球和平击发球的击球点是在左肩前上方稍靠右一侧,发上旋球的击球点可以在头顶靠后的位置。抛球要稳定,多进行抛球稳定性练习。

错误4:击不准球。

纠正方法:从抛球开始,双眼要始终不离开球,球拍击球时头部抬起看到球拍触到球,随球动作时保持头部直立,双眼平视前方。

错误5:左右手配合不协调。

纠正方法:在无球状态下放松进行抛球、引拍、挥拍的组合练习,使抛球挥拍动作协调地连贯起来。抛球的高度应尽可能稳定,尽量不要打乱抛球、挥拍、击球的节奏。

错误6:发球无力。

纠正方法:做"搔背动作"时,使持拍手的肘关节尽量弯曲,关节底部直向天空。挥拍动作要充分。徒手多做蹬腿、转腰、收腹、挥臂的鞭打动作。

第七节 接 发 球

一、技术特点与作用

接发球技术是指还击对方发球的技术。接发球技术水平的高低直接影响到比赛的得分与失误,并和比赛的持续性密切相关,因此,接发球技术也是网球运动中一项重要基本技术。对方发球后,必须在很短的时间内根据对手的发球速度、力量、旋转角度和发球站位等做出反应,提早做出预判和积极做好回击动作。接一发时,如果对方球速较快,应尽可能将球打回对方场地,减少失误;接二发时,应力求抓住机会展开主动进攻。接发球技术并非一种固定的击球动作,面对各种形式的发球,可能会用到正、反手抽击球、切削球、挑高球、放小球等不同的击球方式。随着发球技术的不断提高,接发球的重要性越来越被运动员所重视。

二、基本技术要领

(一)握拍

根据不同的来球及接球方式,进攻型接发球可用半西方式或东方式握拍法;防守型接发球可用大陆式握拍法。握拍要松弛,引拍和前挥也要保持松弛,但从拍接触球的一刹那,要紧紧握住球拍,特别是拇指、无名指和食指要用力抓拍,手腕固定以保证拍面稳定,即使不能有力还击对手凶猛来球,也可用牢固的拍面顶住来球,或者以合适的角度控制还击方向。

(二)站位与准备姿势

左右区接发球时,应站在对方发球最大角度的平分线上,采用这样的站位,正、反拍接发区距离相等,不会出现明显的空当。前后方向的站位要根据对手的发球方式和力量大小而定,如接对手一发大力发球,可站在底线后1—2米处;接第二发球时可向前移动,站在底线附近或场内。接发球的准备姿势是两脚自然开立,两膝微曲,上体稍向前倾,两臂曲肘,两手持拍置于腹前,将拍头向上翘起,身体重心放在两脚前脚掌上。对方开始抛球时,眼睛要盯住球,在对方击球瞬间,双脚稍微跳离地面,向前做分腿垫步,积极做出击球准备(见图3-7-1)。

(三)击球

判断来球,迅速移动,向预测击球点启动时,双肩与身体重心同时移动,并向击球方向踏出一

图 3-7-1 正手接发球

大步,转肩时要使肘部离开身体。向前挥击时尽量使拍子运行轨迹由高处向下再向上,但上下幅度要小。击球时动作与正常击球基本相同,只是没有明显的后引,特别是对于快速来球,回球多数采用阻挡式动作或类似截击动作回球,不做过大引拍和挥动动作(见图 3-7-2)。

图 3-7-2 反手接发球

对于大多数网球爱好者来说,对方的发球并不会像职业比赛中那样难以对付。当你在准备接发球时,首先确定自己是想要进攻还是防守,然后,根据正拍球和反拍球的不同,分别选择回球的线路。

三、接发球类型

(一) 进攻型接发球

进攻型接发球的主要目的是给发球方施加压力,适合用于接力量小的一发或二发。进攻型接发球的击球动作与正常击上旋球动作相似,根据对方不同的发球来调整后摆距离和幅度大小,并主动向击球方向跨出一步,同时向前迎击球,击球点应更高、更靠前。

(二) 防守型接发球

防守型接发球的主要目的是接好发来的球,适合用于接对方威力大的一发或大角度的二发。采用防守型接发球时,因为没有足够的时间做出正常的引拍击球动作,因此常用阻挡式动作或类似截击的方式控制球,握紧球拍,手腕固定,借力将球挡过去。如果对手站在后场,防守型接发球可以打高打深;如果对手发球上网,则可以挑高球。

四、接发球练习方法

(一) 接近网发球练习(球速较慢)

练习目的:体会简短引拍动作技术,提高不同落点回球能力。

练习方法:发球者在发球线与单打边线交接处发球,中等力量发球,可有针对性地发内角、中路和外角球,接发球队员在判断对方发球后,迅速做出反应,主动迎前,以小幅度的后引拍动作将发球回击过去。可固定回击路线,如直线、小斜线和中路等。

练习要点:当发球者向上抛球时,要向前跨一步,随之做分腿垫步动作,使身体重心落在前脚掌,以便于启动和主动回球。

(二)接底线发球练习

练习目的:建立基本接发球意识,体会完整接发球技术的运用,减少失误。

练习方法:基本同上一练习,只是发球者站在底线发球区内。

练习要点:当来球较快时,主要以挡击的方式回球,但必须有一定的向前推送动作。

(三)接二发练习

练习目的:抓住对方二发机会,争取主动或直接得分。

练习方法:发球者用二发方法发球,接发球者当来球较慢时,应抓住机会打出直线或斜线的变化。

练习要点:接二发时要有迎前动作,可以做一个充分的引拍和转体,将球有力击到想要打的区域。

(四)接近网发球练习(快速球)

练习目的:提高接发球的反应能力。

练习方法:发球者在发球线与单打边线交接处发球,用较大的力量发球,可有针对性地发内角、中路和外角球,接发球队员在判断对方发球后,迅速做出反应,主动迎前,以小幅度的后引拍动作将发球回击过去。

练习要点:快速起动,球拍对着对方场地,主要以挡击完成。

五、接发球易犯错误及纠正方法

错误1:反应慢,缺乏主动判断向前迎球意识。

纠正方法:注意力高度集中,看到发球方将球抛起时向上做分腿垫步动作,接着向前一步主动去迎击球。

错误2:准备时间不充分,造成接发球没有目标。

纠正方法:事先考虑对付对方各种发球的对策,再站在接发球的位置上,一旦对手发出球来,就可以按照预想计划果断出手。

错误3:引拍动作过大,造成晚击球。

纠正方法:提高对球落地反弹后运行轨迹的判断力,随球移动,减小引拍幅度。

错误4:无法控制落点,回击失误。

纠正方法:改变脚步动作僵硬,无法进行快速调整的状况,击球时紧握球拍,并使拍面对着对方场内区域。

第八节 截击球

一、技术特点与作用

截击球是网前技术中的一种攻击性击球方法,当球在落地之前,将球击回到对方半场区,它回球速度快,力量重,威胁大。良好的网球截击技术是优秀网球运动员必须具备的,比赛中常被采用在发球上网或正反手击球后上网截击,截击球技术是攻击性打法不可缺少的重要内容。常见截击球技术有正手截击球、反手截击球等。

二、基本技术要领

(一)握拍

截击最理想的握拍方式是大陆式握拍。手指之间有一些缝隙,特别是食指和中指要形成扣扳机状,便于球员对球拍拍头有更多的控制。使用大陆式握拍的好处在于可用它来打正手截击和反手截击,这样可以节省变换握拍方式的时间,把注意力集中在看球上。对初学者来说,如果感觉用大陆式握拍击球有困难,可以试试在打正手截击时使用东方式正手握拍,这样击球可以使球与球拍有扎实的接触,稳定性较强。

(二)准备姿势

面对球网,距球网1—2米处,双脚向前自然分开与肩同宽,双膝微曲,上身保持正直并向前倾,采用"大陆式"握拍法,用非握拍手轻托拍颈,拍头与下巴齐平,双肘弯曲,将球拍舒适伸在前面,重心落在双脚脚尖上,注意力高度集中,当对手击球的瞬间,应用跨步作为准备姿势的一部分,并立即判断出球的方向、高度和路线,以便快速移动和上前截击。

很多截击者不注意跨步的使用,往往造成截击动作的贻误。跨步具有以下好处:使球员保持平衡;腿部肌肉储存弹性能,使落地时产生爆发力,能够迅速向各个方向移动;调整上体向前的角度。

(三)后摆引拍

引拍动作一定要以转肩为主,迅速、简单、幅度要小,眼睛紧盯着来球。引拍时,手腕和拍面固定,引拍后要保持拍头高于手腕。

(四)前挥击球

看到来球要迅速随着正手出左脚,反手出右脚向前跨步,随着重心前移,身体转向正对球网,击球点保持在体前,拍面对着来球,依靠身体向前移动的惯性所产生的力量截击球,以短促的动作向前向下切削来球。

（五）随挥跟进

击球手臂随着身体移动的惯性向前跟进，推送动作明显。然后顺势迅速恢复原来的准备姿势，准备下一次击球。

三、截击球类型

（一）正手截击球

来球向正手侧飞来时，身体快速向右转体，带动球拍向后引（后引幅度尽可能的小），左脚向右前方跨出，拍头要高于握拍手，手臂几乎伸直，球拍和手臂呈"V"字型，手腕固定。身体重心主动跟上，在左脚着地的同时，在身体前面与眼睛齐平的位置球拍截击球，以便产生较大的击球力量。截击时的动作以似撞击或挡击的方式完成，在拍面短促向前撞击的同时，拍面微微向下做切削球的动作，使球以下旋的形式飞出，击球时保持拍面上翘，拍面稍向后仰，手腕稳固。击球后手腕仍紧握球拍，并向前做小幅度送拍动作（见图3-8-1）。

图 3-8-1 正手截击球

（二）反手截击球

当来球向反手侧飞来时，身体快速向左转体，同时左手向后拉拍，拍头要高于握拍手，手臂几乎伸直，球拍和手臂成"V"字型，手腕固定。挥拍击球时，左手松开稍向后伸，右手握紧球拍前挥并在身体前方切削来球。身体重心主动跟上，在右脚着地的同时，球拍截击球。向前挥拍时，两只手的动作好像在拉长一根橡皮筋，以保持身体平衡。由于是在左侧击球，限制了右手的引拍幅度，反手截击往往比正手截击更容易掌握（见图3-8-2）。

四、截击的几种使用方法

（一）中场截击

中场截击在网球训练及比赛中，通常被称为一拦，即第一次拦击。在实战中，发球上网或随

图 3-8-2 反手截击球

球上网不可能直接冲至近网,上网途中在发球线附近有一短促的停顿和重心转换,然后迎球做中场截击。中场截击球落点、质量的好坏,直接影响到网前的得分,所以中场截击球在网前截击球技术中起着很重要的作用,中场截击一般站位于发球线中点附近。对不同高度的来球,应及时转体和引拍,调整好拍面的角度。当来球速度较慢,可加大引拍幅度和击球力量,提高回球质量。中场截击应把球击深或打出角度,使对手难以回球或触不到球。击球后应向网前迈进,准备近网截击或高压球。

(二) 近网截击

近网截击的站位比中场截击要靠前,位于发球线前 1—1.5 米左右距离,它是网前得分的主要手段。近网截击的果断和落点的准确,能给对方以致命的一击。判断清楚对方来球的速度、高度及球的角度后,要迅速起动调整位置,控制拍面。如来球快而平,拍面应稍开,击球中下部,手腕紧固,以短促的动作向前向下顶撞来球。如来球快而高,拍头应竖起,拍面几乎和地面垂直,向前下击球中部。

(三) 低位截击

当来球较低时,只能采用低位截击技术,低位截击比高位截击难度高。低位截击动作要领是首先要降低身体重心,曲膝至适宜高度,而不是直腿弯腰,移动时如采用弓步,后膝盖几乎触及地面。击球时,拍头低于手腕,拍面开放,在身体前面击球,击球的后下部,击球后向着击球方向随挥。

(四) 高位截击

当来球较高,但又不够高压球的高度时,往往以高位截击技术来完成击球。动作要领是快速转体和向后上引拍,手腕上翘使拍头竖起,拍头朝上,手臂和球拍成"V"字型。挥拍击球时,球拍对准来球做高位切削动作,击球的后中部,击球时身体重心积极跟上,并伴着身体重心的前移,完成短促的击球和随挥动作。高位截击看似简单,但很多人在打高位截击球时仍会打出界或不过网,前者原因多出在引拍过大,击球点过晚,后者主要是截击过早,拍面关闭过多而造成。

（五）近身截击

近身截击是指当球朝着自己身体快速飞来时所采用的截击技术,这也是网球比赛中被经常使用的技术。近身截击动作要领是,当来球朝着身体飞来时,快速把球拍挡在身体前面,多数情况下,使反拍面朝前,手臂几乎伸直。击球时手腕绷紧,拍面在身体前方挡来球。近身截击多数受动作限制无法发力,多以防御为主,但可以通过手腕及拍面的变化来控制球的落点。

（六）反弹后截击

当你来到网前时,很难进行直接的截击,这时不得不让球落地,在球向上反弹时进行截击。截击时要调整好脚步,及时做好转体引拍动作,拍面对着击球方向。击球通常是一个深球或放小球,深球要多往前送;放小球要放松手腕让球轻轻离开拍子。这两种球,都尽量用很低的弧线使球过网。

五、截击球练习方法

（一）徒手挥拍模仿练习

练习目的:建立动作概念,了解动作过程。

练习方法:根据技术动作的要领,将动作分解为转体拉拍、上步击球、推送、还原等环节,反复练习,熟悉动作过程和动作要领。徒手挥拍练习最好对着镜子做,可以看到自己的动作,练习的效果会更好。

练习要点:迎前积极,引拍幅度要小,动作协调,熟悉动作过程。

（二）持拍挥拍模仿练习

练习目的:熟悉截击握拍法,建立动作感觉。

练习方法:持拍做转体拉拍、上步击球、推送和还原动作。特别是体会身体重心跟上的上步击球动作。

练习要点:除体会动作过程外,重点体会击球瞬间身体重心的及时跟上和动作的连贯性、协调性。

（三）跨步手抓球练习

练习目的:体会动作过程和对击球点的判断。

练习方法:两人一组,分别相距球网 2—3 米处站立,一人在网前用展开的手掌作为球拍接住球网对面同伴抛向其左侧或右侧的球,每一次接球都必须在准备姿势的基础上完成(见图 3-8-3)。

练习要点:重心适当降低,做好接球准备,一定要跨步上前抓球。右侧球上左脚,左侧球上右脚。

a

b

c

d

e

f

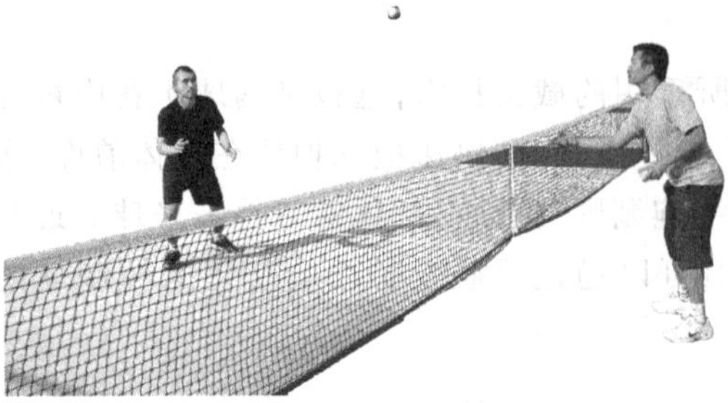

图 3-8-3 跨步手抓球练习

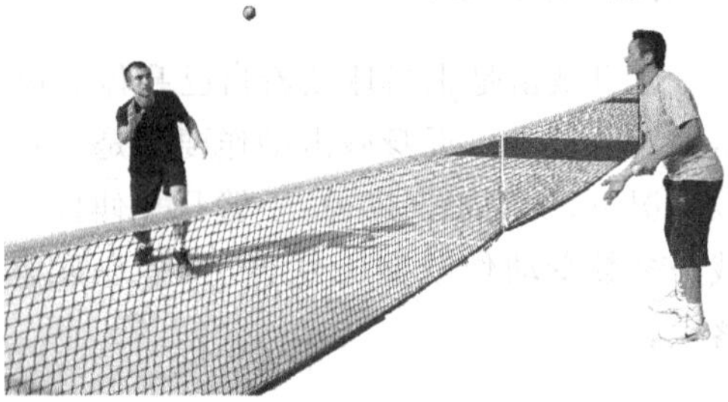

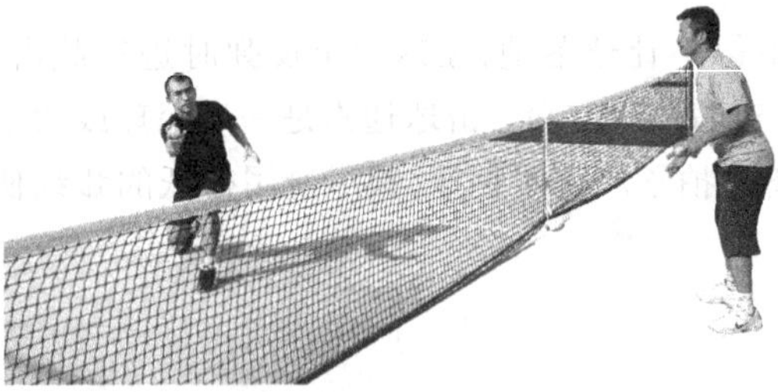

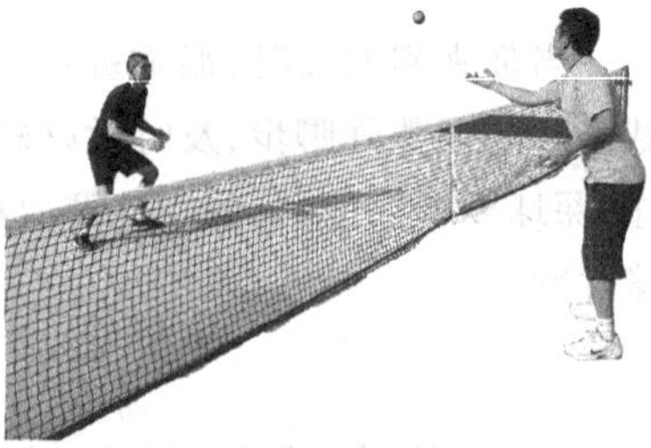

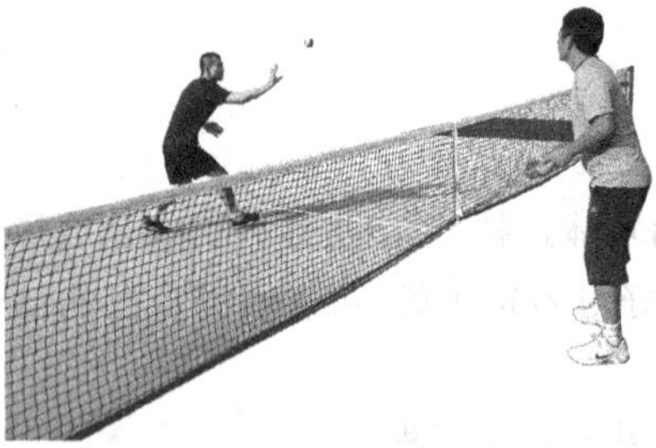

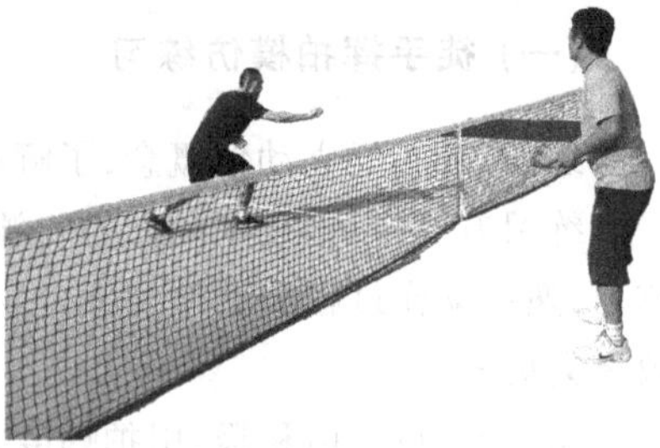

(四) 正反手短握拍截击练习

练习目的:熟悉截击方法,体会击球感觉。

练习方法:两人分别站在球网两边,距网 2—3 米,练习者右手握住拍颈,上前挡击同伴抛向其左侧或右侧的球(见图 3-8-4、图 3-8-5)。熟练后,可进行常规握拍截击练习。

a

b

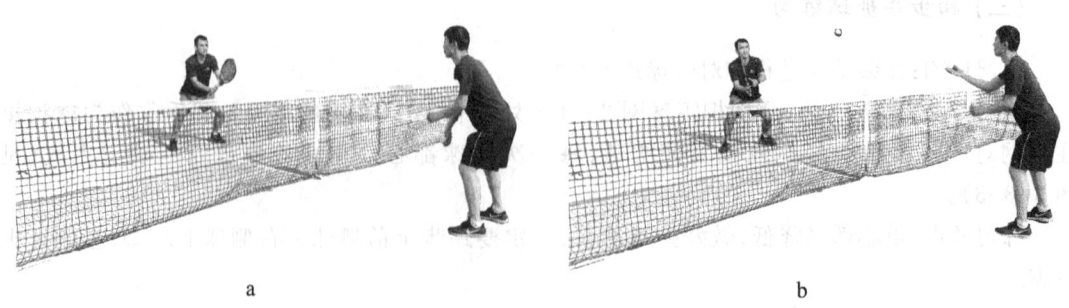

图 3-8-4　正手短握拍截击练习

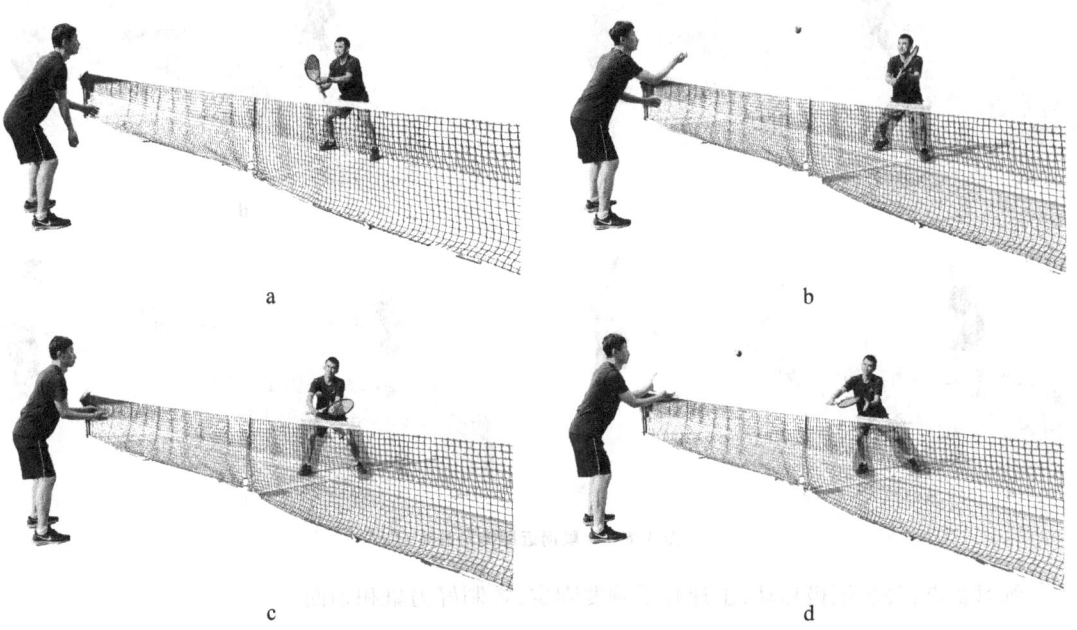

图 3-8-5　反手短握拍截击练习

练习要点：以完整动作完成，眼睛几乎和拍头齐高，盯球，体会截击感觉。

（五）正常握拍截击练习

练习目的：掌握截击方法，体会完整截击动作。

练习方法：两人分别站在球网两边，距网 2—3 米，练习者右手"大陆式"握住拍柄，上前挡击同伴抛向其左侧或右侧的球。

练习要点：以完整动作完成，眼睛几乎和拍头齐高，并盯球，体会截击感觉。

（六）隔网近距离对截练习

练习目的：体会截击感觉，学习如何控制截击球的方向和力量。

练习方法：开始时两人相距 2 米左右，一人用球拍颠球 5 次后，将球传送给同伴，同伴接住球也颠球 5 次，再送回对方。练习熟练后，改颠球 4 次、3 次、2 次、1 次，直至双方直接连续截击球练习。待练习熟练后，可适当拉开距离练习。这种方法一般先从正手截击练习开始，再进行反手截击练习（见图 3-8-6）。

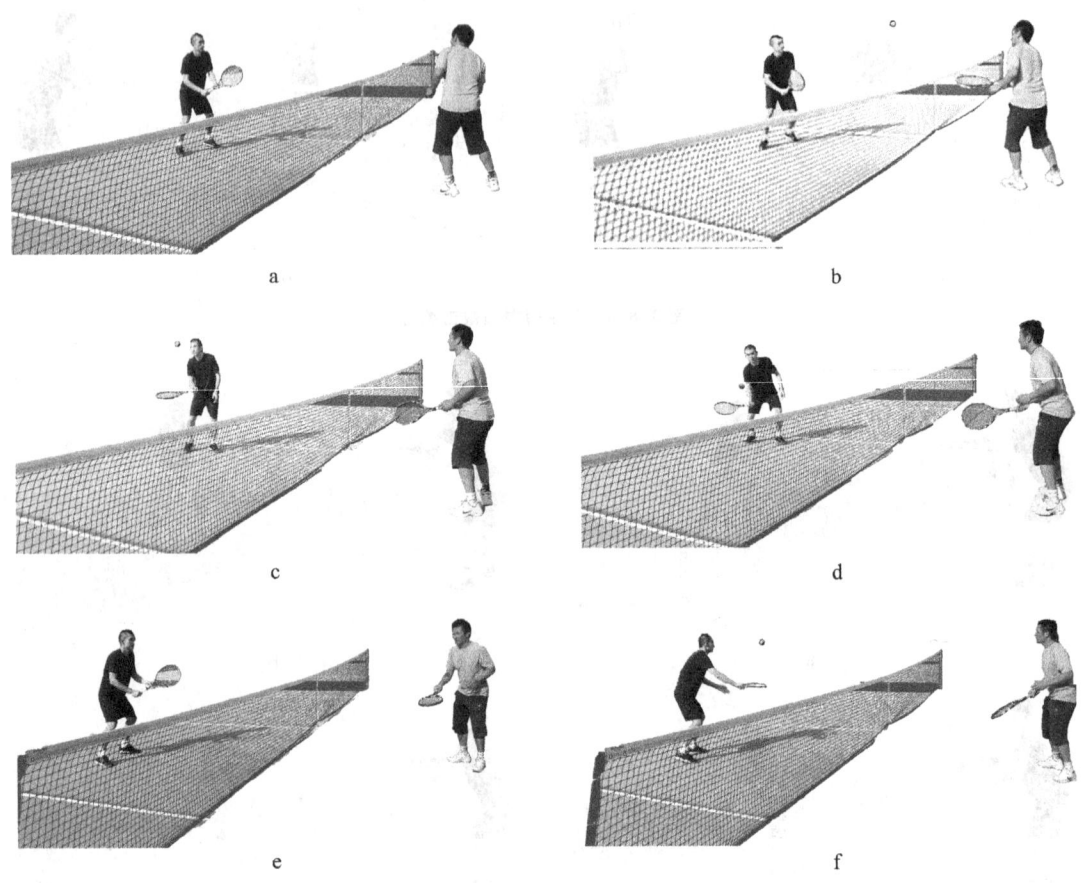

图 3-8-6　隔网近距离对截练习

练习要点：脚步积极移动，击球时手腕要固定，控制好力量和拍面。

（七）多球喂送截击练习

练习目的：增加截击球练习的强度，巩固截击技术，提高脚步移动能力。

练习方法：练习者站在网前 2—3 米中线上，同伴在对面场地（距离可由近至远）送球，练习者根据来球分别采用正手或反手截击动作把球截击回对方场地。

练习要点：开始时，送球至练习者左右侧，让其较容易地进行正反手截击，而后可将球远离击球者，使其必须通过脚步的移动才能选择到合适的击球点。

（八）中场截击练习

练习目的：加强截击球的移动、判断及快速反应能力。

练习方法：两人分别站在各自发球线前，运用截击动作进行中场互相截击，击出的球不能离网太高，截击的路线可以是直线或斜线（见图 3-8-7）。

练习要点：脚步移动积极，击球动作要保持前送，手腕固定，控制好拍面。

第三章 网球运动基本技术与练习

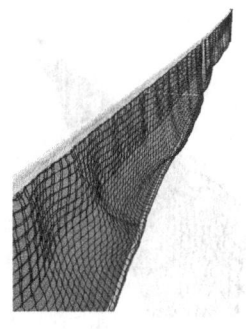

a

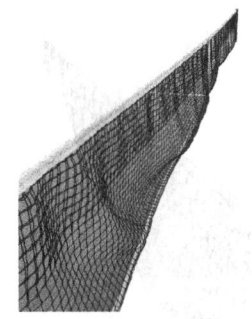

b

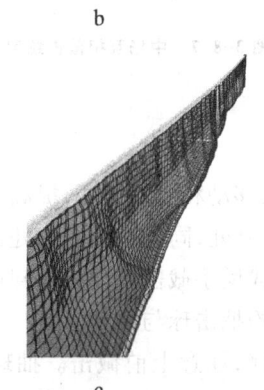

c

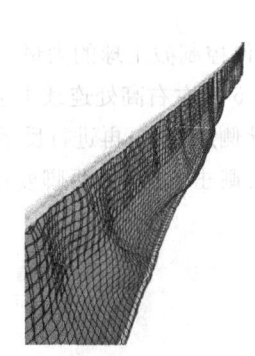

d

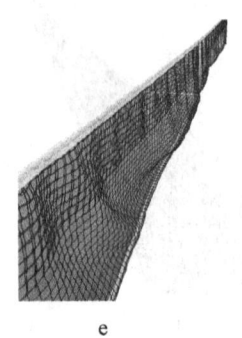

e

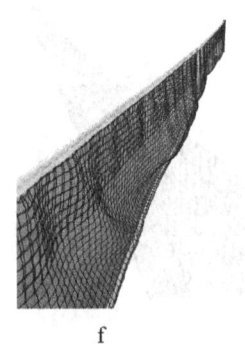

f

图 3-8-7　中场互相截击练习

(九) 一网一底截击练习

练习目的：加强网前截击的反应、移动和判断能力，提高网前的对抗能力。

练习方法：练习者站在网前 2—3 米处，同伴站在底线处运用正手或反手抽击球动作，将球击向网前的练习者，练习者分别用正手或反手截击动作将球回送给同伴。开始时，可以较慢的速度送球或单次送球，熟练后可进行连续的抽击球与回球。

练习要点：截击要将球回送给同伴，注意上前截击。抽球要控制好力度和方向，将球打向截击者或在其身体附近，以保证练习的连续性。

(十) 对墙截击练习

练习目的：体会截击感觉，学习如何控制截击球的力量。

练习方法：对墙约 2—3 米距离，1.5 米左右高处连续击凌空球，反弹回来的球较低时，一定要降低重心击球。先正手截击球练习，异侧脚在前；再进行反手截击球练习，异侧脚在前，扶拍手不要很快脱离拍子；最后进行正反手交替截击的练习，两脚要协调一致地配合正反手截击动作（见图 3-8-8、图 3-8-9）。

第三章 网球运动基本技术与练习

a

b

c

d

e

f

图 3-8-8 正手对墙截击练习

· 93 ·

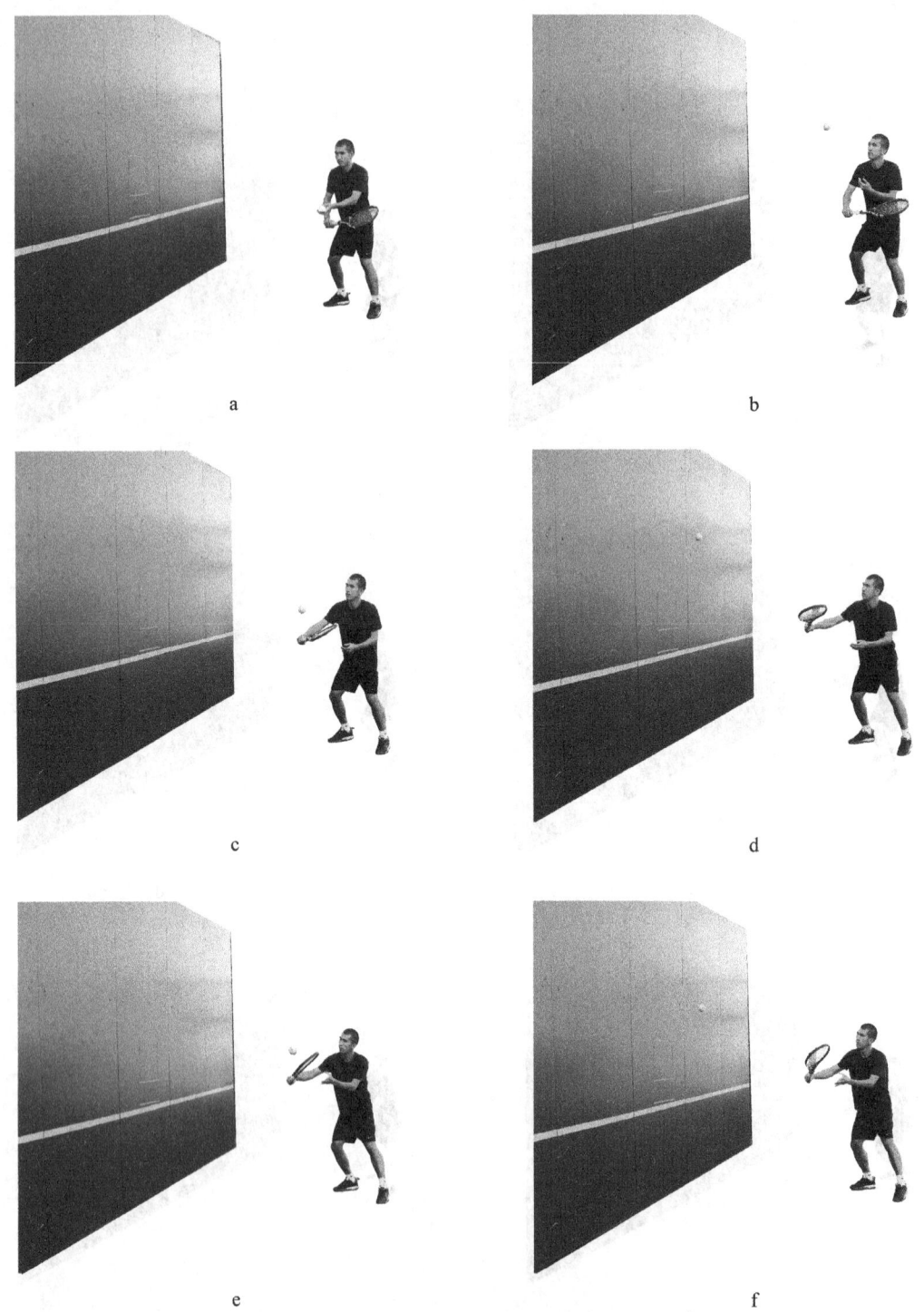

图 3-8-9 反手对墙截击练习

教学要点：这个练习过程主要是让练习者体会正确的截击球技术动作，提高击球时通过调整拍面对球的控制能力，把握击球的时机。

六、截击球易犯错误与纠正方法

错误1:向后引拍幅度过大。

纠正方法:

(1) 建立正确的截击球引拍技术概念。

(2) 背靠墙、挡网反复练习截击球技术的模仿动作及击球练习。

错误2:击球无力。

纠正方法:

(1) 练习者反复练习转肩、上步动作。

(2) 要求练习者拍头向侧上方,模仿撞击球动作,也可用加重球拍练习。

(3) 将球吊在离身体适当的位置,反复练习撞击球动作。

错误3:网前站立腿过直。

纠正方法:

(1) 练习者膝关节弯曲,反复练习左右、前后移动。

(2) 网前站立,提踵,双脚不停地移动。

错误4:不能有效控制球的落点。

纠正方法:

(1) 截击球时要养成握紧球拍、固定手腕的习惯。

(2) 击球点一定要控制在身体的前侧。

(3) 击球时动作幅度不能过大,随挥动作短促。

错误5:击球不准。

纠正方法:

(1) 养成眼睛盯球的习惯,眼睛要看到整个击球过程。

(2) 快速调整步法,尽可能使击球点出现在让自己舒服的位置上。

错误6:胆怯而不敢向前。

纠正方法:

(1) 以学习和练习的心态对待上网截击,减少心理负担,作好迎球思想准备。

(2) 准备姿势要充分,合理站位,调整好截击步法。

第九节 高 压 球

一、技术特点与作用

高压球是一项绝对的强攻性技术,一般来说打高压球就意味着得势、得分,所以高压球又叫杀球,是在头顶上用扣压动作完成击球的技术动作,属网前球技术。在高水平的网球双打比赛中,高压球技术非常重要,因为,上网进行截击时对方经常会通过挑高球来摆脱被动,只有熟练掌握高压球技术,才能有效制约对方的挑高球,并利用高压球技术直接得分。高压球动作与发球动作非常相似,但在打高压球时,无法控制来球的线路,必须通过脚步移动寻找打高压球的最佳位置,因此,击球的位置和时机是关键。对大部分参与网球运动的业余爱好者来说,打高压球的机会是不多的,他们可以等球落地后反弹至合适的高度时以击落地球的技术将球处理回去。因此,一般爱好者不必在高压球上太费心思,可把它当成一项有益但并不十分必要的技术,稍加演练就可以了。

二、基本技术要领

(一)握拍与移动

高压球与截击球技术都是大陆式握拍。在准确判断来球位置及轨迹的基础上,以交叉步、滑步或并步的方式快速侧身移动到球即将下落位置的后面。打高压球对步法的灵活性及准确性要求非常高,因为来球不受已方控制,是"高空作业",球在空中飞行时可能会因风向、旋转等因素而产生一些难以预知的变化,这就要求击球者快速反应、灵活移动、准确取位以获得理想的击球点,否则很难打好高压球。即使感觉已经处于很好的位置,双脚也要不停地在原地做碎步的调整。这对保持重心灵活是很有好处的,如果你的双脚很容易"钉"死在一个地方,那你可能也就很容易被突如其来的哪怕一点点儿变化弄得措手不及。打高压球时无论以什么样的方式移动身体,最后都应尽全力采用双脚一前一后的方式站位,持拍手同侧的脚在后,另一脚在前,两脚连线与球网近乎垂直。

(二)后摆引拍

在脚步开始移动后,身体侧身并以最短捷的动作将球拍摆至肩上,拍头向上,左手自然上抬,眼睛盯球,作好击球准备。高压球在移动定位时非持拍手应指向空中的来球,这不仅有助于判断击球点的位置,而且对保持身体的平衡也有积极的作用(见图3-9-1)。

图 3-9-1　后摆引拍　　　　　　图 3-9-2　挥拍击球

(三)挥拍击球

判断准击球点并移动到位后,以双脚为支撑向击球点方向蹬地、转体、收腹继而挥拍击球。发力程序和感觉与发球相似,但击球点在能保证球过网的前提下,其位置越靠前越利于发力和控制球出手的角度,越靠前越具有杀伤性,这与发球时力争高点是不同的,到达击球点时身体应已完全面向球网(见图3-9-2)。高压球不单纯依靠手臂或手腕的甩动发力,而是靠腰腹、腿部及身体整体的协调发力,这与发球是一样的道理。手臂挥拍动作与发球一样有个搔背再迎击来球的过程,不要硬压大臂以期高压来球,而是要将小臂和拍头甩出去,同时手腕完成扣腕动作,以此加快拍头挥速,增加击球力量。

(四) 随挥

高压球的随挥动作仍与发球类似,击球过后顺势将球拍收于持拍手异侧(见图 3-9-3)。这在击球点比较合适(如在身体的前上方)的情况下比较容易做出来。如果击球点很靠后或很偏,不适合正常发力,那么随挥动作就有可能被强行的扣腕或旋腕动作所代替,这要求击球者具有良好的腰腹力量及手腕控制能力,初学者遇到这样的情况时最好能够量力而行,若勉强为之容易受伤。

三、高压球类型

图 3-9-3 随挥

(一) 凌空高压球

凌空高压球指的是不等来球落地,在空中就将其扣杀回去,此种球杀伤力极大但击球者需具备良好的空中定向、判断能力及熟练而精准的脚步移动能力。

(二) 落地高压球

在对方挑出直上直下很高、落点很深的球或遇到刮风、阳光刺眼很难取到最佳点将其凌空击回去的情况下,让球落地反弹后再寻高点扣杀,初学者可以此为练习高压球的手段之一。

(三) 跳起高压球

跳起高压球的动作与羽毛球的跳起扣杀动作极为相似,一般以与持拍手同一侧的脚蹬地起跳,落地时异侧的脚先着地、缓冲,挥拍击球时双脚在空中有个前后换位的动作。初学者在体验跳起打高压球时不要急于求成,骤然发力容易导致受伤。

(四) 反手高压球

反手高压球是网球各项技术中难度较大的一项技术,它不容易发力且易失误,故在比赛中运用较少,一般都是在被动情况下采用。当对方挑高球至左侧,被迫需要使用反手高压球时,应及时向左侧身,提肩抬肘,拍子低于手腕和肘关节,击球点在左上侧,击球时,前臂和手腕迅速向上挥起,利用小臂挥拍带动手腕的转动在最高点击球。

四、高压球练习方法

(一) 手臂"鞭打"动作

练习目的:体会高压球的手臂动作方法。
练习方法:抬高肘关节,向前、向上、向远处抛球,或手持毛巾等软状物体,连续做向前、向上"鞭打"动作。

练习要点：动作放松，大关节带动小关节，大肌肉带动小肌肉，动作协调。

（二）持拍做高压球动作的模仿练习

练习目的：体会握拍时手臂"鞭打"动作及判断高压球的击球点。

练习方法：在击球点位置找一个标志物（树叶或悬挂物等），提高模仿练习的实效性。

练习要点：手臂放松，特别是手腕放松，要有明显的肘关节的制动及扣腕动作。

（三）移动接球练习

练习目的：提高移动判断击球点能力。

练习方法：教练在中场喂送高球，练习者站在对面场地中间，通过脚步移动，在身体前面最高点伸直右手接球。

练习要点：脚步不停移动，体会击球点位置。

（四）击打手抛高压球练习

练习目的：体会高压击球的整个过程。

练习方法：练习者站在网前约 2—3 米的距离，同伴站在其侧面将球抛向练习者身体右侧前上方，练习者采用高压击球动作将球凌空击打过网（见图 3-9-4）。

a

b

c

d

图 3-9-4 击打手抛高压球练习

练习要点：调整脚步，控制力量，体会完整高压击球技术。

(五) 落地高压球练习

练习目的：体会高压击球的整个过程。

练习方法：提升抛球的高度，注意此时应等球落地一次后再击球，这时球的速度已有所减弱，容易掌握，球落地之后再进行高压，确保有足够的时间调整到击高压球的最佳位置（见图 3-9-5）。

图 3-9-5 落地高压球练习

练习要点：训练判断力和脚步的移动速度。

(六) 后退高压球练习

练习目的:加强后退击打高压球的能力。

练习方法:练习者站在球网后面,同伴站在对面场地。练习者用球拍触碰球网的同时,快速后退,击打同伴用球拍送过来的高球(见图3-9-6)。

a

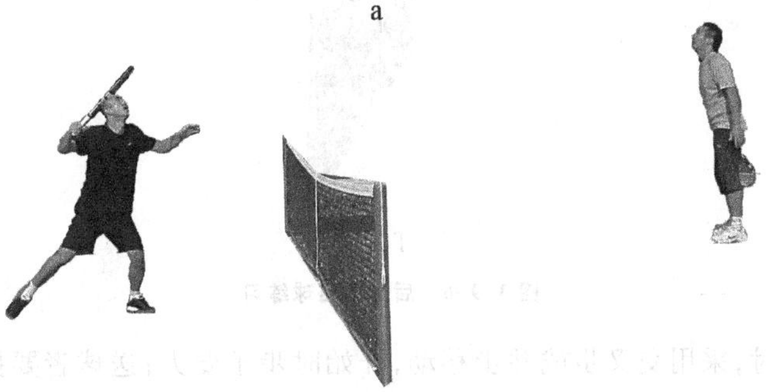

b

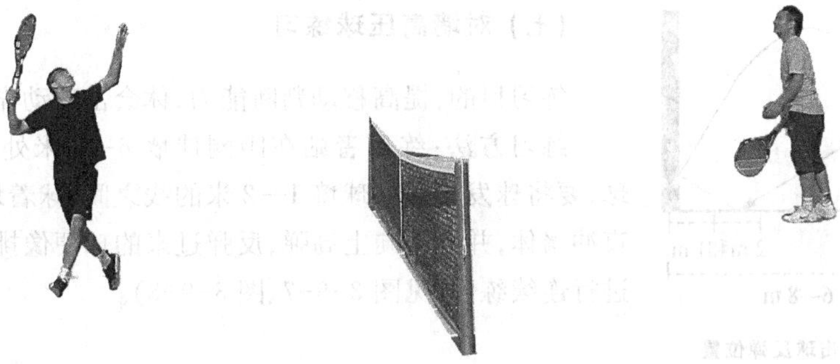

c

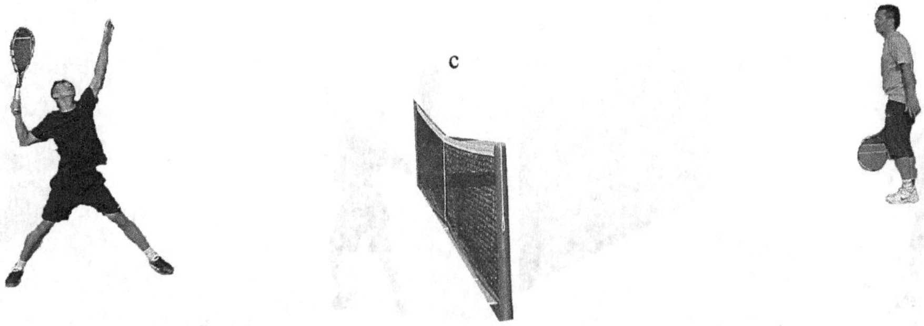

d

图 3-9-6 后退高压球练习

练习要点:后退时,采用交叉步或并步移动,开始时步子要大;送球者要控制好送球节奏,待练习者球拍触网后再送球。

(七)对墙高压球练习

练习目的:提高移动判断能力,体会击球动作过程。

练习方法:练习者站在距网球墙 6—8 米处,用发球动作发球,要将球发到距网球墙 1—2 米的线之间,球着地后即向斜上方直冲墙体,并立刻向上高弹,反弹过来的球便像挑高球一样,如此进行连续练习(见图 3-9-7、图 3-9-8)。

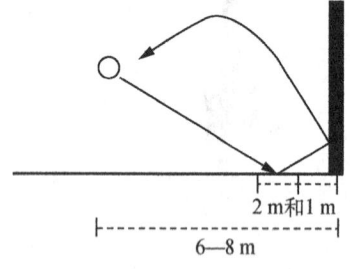

图 3-9-7 对墙击球反弹位置

a

b

图 3-9-8 对墙高压球练习

练习要点:脚步积极移动,注意侧身对球,控制击球力量,保持动作的连贯性。

(八) 全场高压球练习

练习目的:提高场地不同区域高压球的处理能力。

练习方法:练习者站在发球线与发球中线的交界处,同伴在对面场地用球拍依次或随机喂送近网、中场、后场的定位高球,练习者调整步法,做高压球击球练习(见图 3-9-9)。

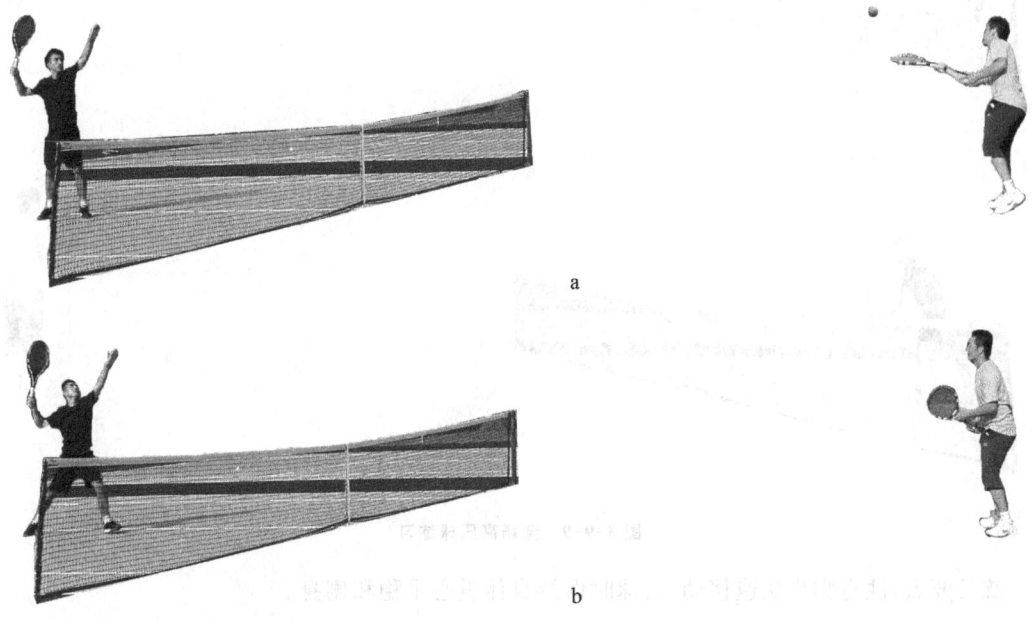

图 3-9-9 全场高压球练习

练习要点:注意脚步快速移动,击球时保持身体重心平稳和侧身。

五、高压球易犯错误与纠正方法

错误1:移动不到位,击球点判断不准确。

纠正方法:

(1) 送各种角度的高球,练习者快速移动,手臂伸直,在高点接球。

(2) 先练习较低和近网的高压球,逐渐拉开距离并提高击球点。

(3) 也可自抛不同方向的高球,快速移动后在高点击球。

错误2:急于发力,拉肘明显,造成击球下网。

纠正方法:

(1) 在高处(击球点)放一个标志物,反复练习向上"鞭打"的扣腕动作。

(2) 在离练习墙一定距离处,向上抛高球,待球下落或反弹后将球击压到练习墙上略高于球网的标志处。

错误3:没有侧身转体动作,正面击球。

纠正方法:

击球前双脚前后站立,将非持拍手同侧的脚放在前面形成侧身对网,准备击球时蹬腿转腰,使身体转向击球方向。

错误4:击球时发力过早或过晚,造成击球无力。

纠正方法:

尽量移动到来球后方,用非持拍手指向来球,利用腿部蹬地力量带动身体的转动和手臂向前的"鞭打"动作。

错误5:击球时眼睛没有盯球,造成击球不准。

纠正方法:积极调整脚步,在右肩前上方击球,眼睛看到整个击球过程。

第十节 削 球

一、技术特点与作用

削球技术即下旋击球技术,这是挥拍路线由后上方向前下方的切削击球法,其飞行的弧度低,着地后反弹亦低并向前飘行,击球时比较省力,落点比较容易控制,但是球速相对较慢,攻击力量不大。在正式比赛中,切削技术虽然很难带来制胜分,如果较好地掌握了削球技术,也能成为进攻得分的手段。

二、基本技术要领

(一) 握拍与准备姿势

削球技术通常采用大陆式握拍法。面向球网,双脚分开与肩同宽,曲膝,上体稍前倾,重心落在前脚掌上,右手持拍于腹前,左手扶住拍颈,拍头稍高于拍柄。注意力集中,两眼注视前方,做好击球准备。

(二) 侧身引拍

准确判断来球方向,迅速侧身,充分转肩。上体转动时,向后向上引拍,动作幅度不宜过大,并将非持拍手置于拍颈以保持动作的稳定。引拍动作结束时,肘部弯曲,拍面几乎与地面平行并置于肩高处。

(三) 挥拍击球

削球的击球点在身体侧前方,击球时,球拍从上而下,向前下方挥拍击球的中部或后下部,使球产生下旋,重心须随球拍前移。

(四) 随挥

击球后,让球拍随着球击出的方向继续向前下方挥出,让拍子向前平稳运行一段距离后,自然地将拍子随挥到肩膀高度,随后迅速恢复到准备姿势。

三、削球类型

(一) 正手削球

在正式比赛中,利用正手打下旋球是比较少见的,一般是在回接对方大力发球或防守移动不到位的情况下常采用的击球方式。利用正手下旋球,可以做到在对方来球落地弹起后的上升期击球,所以回球速度快,也可以利用正手下旋球改变场上比赛节奏,缩短对方连续回击球的准备时间,为争取主动创造条件。

判断来球后,身体做约45°的转体引拍,引拍幅度小于正手上旋球。击球时,挥拍由后上方向前下方挥击,击球点在左脚右侧前方,球拍稍向后倾斜,击球后下部,使球产生下旋。击球后,应向击球方向做随送动作,使球向前飘行。身体重心移至前脚,击球后拍头应随挥至身体左侧(见图3-10-1)。

a　　　　　　　　　　b　　　　　　　　　　c

d　　　　　　　　　　　　e　　　　　　　　　　　　f

图 3-10-1　正手削球

（二）反手削球

反手下旋球也称防守性反手击球,俗称"削球"。由于削球容易掌握,回球不易失误,为许多初学者、中等水平和老年网球爱好者所喜爱,如果掌握了反手削球技术,对于扩大击球范围和提高击球的稳定性很有益处。反手切削球一般来说是防御性的,当对手大力发球或扣杀,自己无法用上旋球和平击球进行反击时,即选择切削打下旋球来过渡是比较明智的打法。在网球比赛中,切削战术虽然无法带来直接制胜分,却是一个由守转攻造成对手回球质量下降的很有效的手段。另外,当来球反弹高于肩部时用削球来回击亦是很适宜的。

当准备打反手下旋球时,左手扶拍颈向左后引拍,拍头应高于手腕,肘关节抬起,远离身体,拍子和手腕在击球点的后上方,拍面稍打开,手腕固定。在右脚向左前方跨出的同时,向前下方挥拍击球的中部或后下部,重心须随拍前移,以加强击球速度和力量。击球点在跨出脚的前面,触球时机可比反手上旋球和平击球稍晚,眼睛盯住球。让球拍随着球击出的方向继续向前下方挥出,应让拍子向前平稳运行一段距离后,自然地将拍子随挥到一定高度结束,不要突然地停止或急于把球拍提拉起来(见图 3-10-2)。

a　　　　　　　　　　　　b　　　　　　　　　　　　c

图 3-10-2 反手削球

四、削球练习方法

(一) 徒手挥拍模仿练习

练习目的:建立动作概念,了解动作过程。

练习方法:准备姿势—侧身引拍—挥拍击球—随挥,由慢到快,通过多次的挥拍达到削球技术动作的动力定型。

练习要点:保持挥拍轨迹、拍面角度、身体重心和步法的正确性。

(二) "切割球网"练习

练习目的:建立动作概念,感受拍子向前平稳运行一段距离。

练习方法:用拍头在球网上划动,想象把球网划出一个比较长的接近直线的口子,尽量保持球拍的运动轨迹,不要过早地打开球拍(见图 3-10-3、图 3-10-4)。

第三章 网球运动基本技术与练习

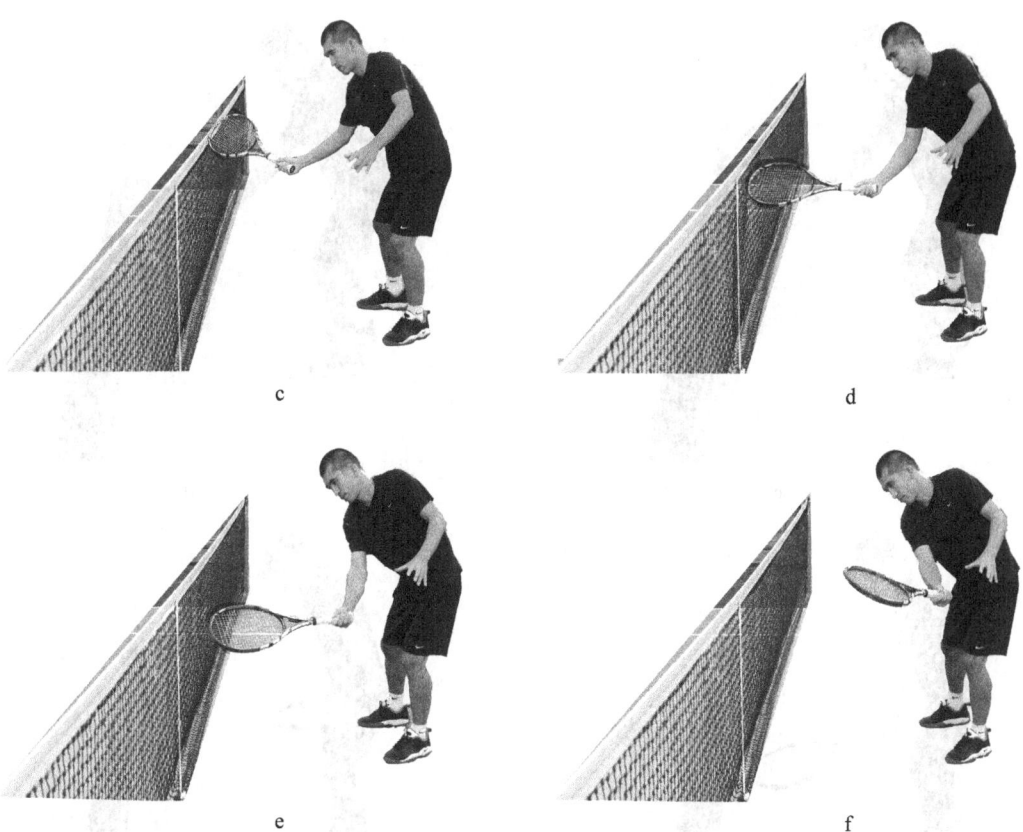

图 3-10-3 正手"切割球网"练习

· 109 ·

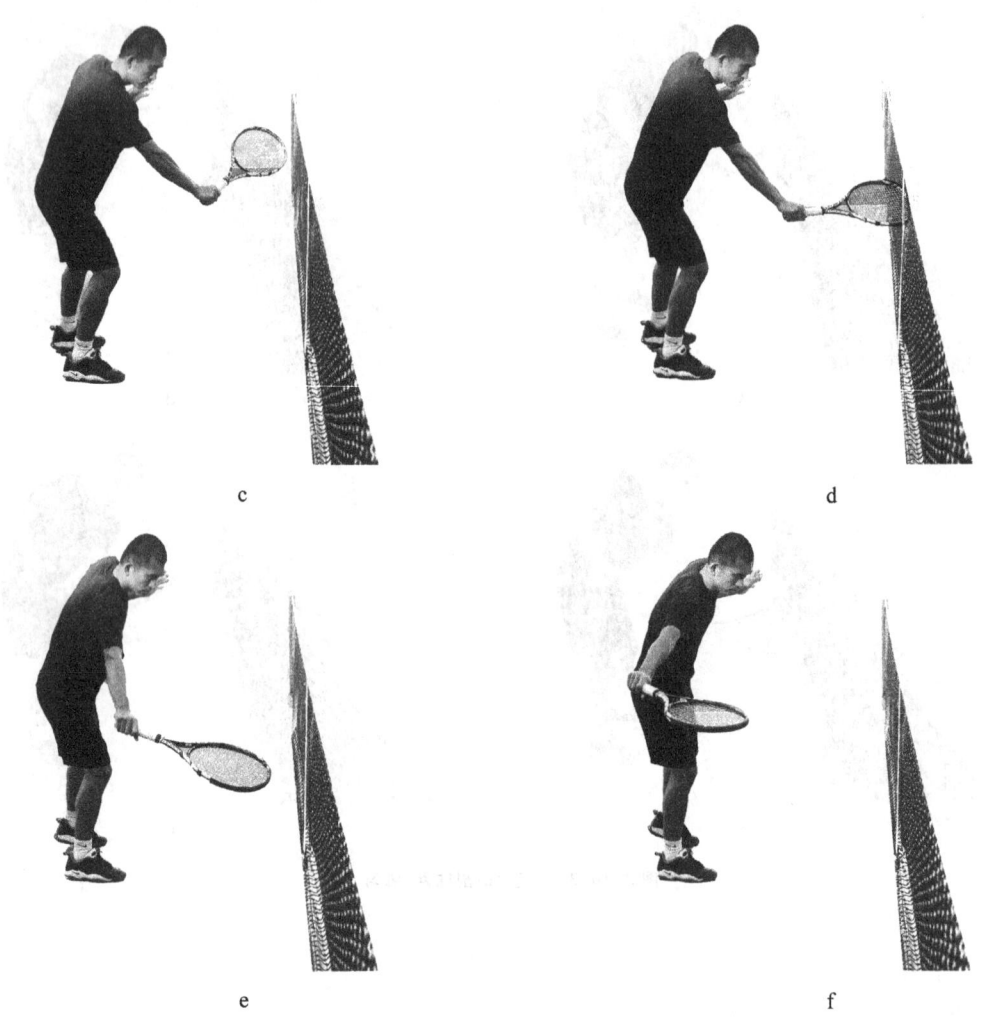

图 3-10-4 反手"切削球网"练习

练习要点：把身体的重心转移加上去，感觉到腿、胯，以及整个身体的力量都用上，动作协调，熟悉动作过程。

(三) 定点削球练习（分解动作）

练习目的：提升判断、选择合适击球点的能力。

练习方法：练习者站在发球线后，做好引拍动作，同伴站在侧方将球放在练习者击球点上方，让球自由落下，待球落地反弹起来后，运用正反削球击球动作将球击打过网（见图 3-10-5、图 3-10-6）。

练习要点：控制好拍面角度和身体重心，利用身体的力量去击球，建立最佳的击球位置。

(四) 定点削球练习（完整动作）

练习目的：体会完整击球过程，巩固击球动作。

图 3-10-5　定点正手削球练习

a　　　　　　　　　　　　　　　　　　　b

图 3-10-6　定点反手削球练习

练习方法：练习者面向球网站在发球线后，同伴站在靠近发球线与单打边线交界处将球送向练习者，练习者进行正反拍定点削球练习。动作熟练后可逐渐后退，直至移动到底线后，并进行一正一反击落地球练习。

练习要点：同伴抛球出手时，练习者应及时转体引拍，击球前脚步要做出小碎步调整，使击球点更加准确，并保证击球动作完整。

（五）削球多球练习

练习目的：提高移动击球能力。

练习方法：同伴站在对面场地发球线与发球中线交接处，用球拍将球送向练习者，进行正反手定点击削球练习。练习者面向球网站在发球线附件，随着击球动作熟练后可逐渐后退至底线后，并由定点过渡到移动击球，进行左右移动及前后移动击球，击完球后练习者要快速回位。

练习要点：练习者通过脚步移动，判断来球的速度、弹跳高度、旋转与落点，找到最佳的切削球击球点，建立削球的空间距离感。

（六）小场地对击练习

练习目的：提高击球的稳定性和控球能力。

练习方法：双方分别站在发球线后，运用削球技术动作，将球打到对方发球区内，进行直线或斜线击球的练习。

练习要点：练习时，引拍要早，移动及侧身要快，力量柔和，体会送球的感觉，强调控制球和建立良好的球感。

五、削球易犯错误与纠正方法

错误1:动作不协调。

纠正方法:注意盯住来球直到手的位置,不要匆忙。

错误2:削球感不结实。

纠正方法:站在网前,身体正对球网进行单手反拍切削随挥练习,挥拍过程中拍面略微打开,让拍框下边缘接触网带,并向前滑动一米左右的距离,然后继续挥拍动作,完成随挥。

错误3:击球缺乏力量。

纠正方法:用拍柄末端指向来球,削球时,不单向前,还要向下,横越身体向右方送出。

错误4:反手击球时,球拍不稳。

纠正方法:用左手扶住拍颈,直至准备好击球,像弹弓一样释放手臂。

错误5:单手反拍削球在随挥完成时,身体打开太多。

纠正方法:在练习挥拍的过程中,同伴在其身后用球拍顶住其持拍侧的背部。防止在挥拍时身体打开太多。

第十一节 挑 高 球

一、技术特点与作用

挑高球就是指将还击的球越过网前对手的头顶落入对方后场区。网球场上,挑高球并非只与高压球成双配对,击球者无论处于什么状态都可以挑高球,因为挑高球本身就既可是防守性的也可是进攻性的。比如在球员极度被动的情况下可以挑高球作为一种过渡和缓冲的手段,而当对方上网时,己方可击出带强烈上旋的高球,利用此种球弧顶高、下坠急、落地后前冲猛的特点令球越过对方头顶以逼迫对方反身回追,这往往就是破网得分的一击,至少也可致对方于被动的境地。由此,击球者应该在任何情况下都能够做出挑高球的反应并且挑出不同效应的高球,这样才可以在增加自己防守实力的同时也多拥有一样得分的本领。对网球初学者而言,更可以把挑高球练习作为磨炼基本功的有效手段。挑高球技术可分为进攻性挑高球和防守性挑高球两种。

二、基本技术要领(见图3-11-1、图3-11-2、图3-11-3)

(一)握拍与准备姿势

握拍和准备姿势与正、反手击球一样,但要求注意力更加集中,准确判断来球落点和对方的站位及移动路线,并迅速调整身体,保持侧身对网以及重心的平稳。

(二)引拍

引拍动作与正、反手击球动作一样,但进攻性挑高球的后摆动作,手腕应加大后曲角度,与小斜线上旋击球动作相近,让对方无法判断;防守性挑高球要求把球击得高而深,这就要求做出一个长而流畅的击球动作,因此要求做充分的后摆。

(三) 挥拍击球

从侧身对网开始,转动肩部和臀部,拍头稍低于手腕,位于球后,在与前脚平行或稍后位置击球。击球瞬间,手腕绷紧,眼睛盯着球。

(四) 随挥

挑高球的随挥动作应尽量充分,拍头要高过头顶,平稳、流畅地完成跟进动作,整个动作在身体另一侧结束。

图 3-11-1 正手挑高球

第三章 网球运动基本技术与练习

图 3-11-2 双反挑高球

图 3-11-3 单反挑高球

三、挑高球类型

(一) 进攻性挑高球

进攻性挑高球又叫上旋挑高球,动作接近于正、反手上旋击球动作,只是提拉上旋的动作更加强烈,更充分向上。击球时,拍头低于手腕,并有一定的手腕动作参与,击球点靠后些。

进攻性挑高球动作基本和底线正、反拍上旋抽击球动作一样,完成拉拍动作时,要使手腕保持后曲,在挥拍击球时,拍头低于手腕的位置,采用手腕与前臂的滚翻动作,由后下向前上挥拍,做弧线型鞭打击球动作,使球拍在击球瞬间进行擦击,以产生强力上旋,击球点在身体侧前方,重心落在后脚。击球后,球拍必须朝着自己设想的出球方向充分跟进,随挥动作要放松,并在身体另一侧结束。

(二) 防守性挑高球

防守性挑高球亦称下旋挑高球,属于防守性的打法,它的飞行弧线很高,比较容易控制,通常是把球挑过上网者的头顶,挑到另一边的场地深处。

防守性挑高球一般采用大陆式握拍法,击球时拍面朝上,触球点在球的中下部,由后下方向前上方平缓挥拍击球,似"舀送"动作的击球法,为了更好地控制球的高度和深度,尽量使球在球拍上停留时间长一些,动作要柔和。随挥动作要充分,结束动作比上旋挑高球结束动作要高,此时面对球网,重心稍后。

四、挑高球练习方法

(一) 自我挑高球练习

练习目的:了解挑高球动作方法,体会上旋和下旋挑高球的不同。

练习方法:练习者站在底线附近自己向上轻抛球,待球反弹后运用正、反手做挑高球练习。

练习要点:将球抛在体侧,蹬腿后全身协调用力,控制好拍面并要有随送动作。

(二) 隔网挑高球练习

练习目的:掌握上旋和下旋挑高球动作方法。

练习方法:两人隔网站立,一人站在网前向站在底线的练习者送球,可利用多球进行专门的挑高球练习,送球速度由慢到快,也可进行先定点后跑动的不定点练习,提高练习难度。

练习要点:上旋挑高球时,由后下向前上的弧线型鞭击动作明显,使球产生强烈上旋;下旋挑高球时,为了更好地控制球的深度和高度,尽量使球在球拍上停留的时间长一些。

(三) 隔网对抗挑高球练习

练习目的:提高临场挑高球能力。

练习方法：一人站在网前或场地中间进行高压击球，练习者在底线练习挑高球。

练习要点：练习者移动迅速，拍面对着同伴，时间充分时主要以上旋挑高球回球，注意保持击球的连贯性。

五、挑高球易犯错误及纠正方法

错误1：向后引拍的手腕没有后曲，造成没有上旋。

纠正方法：练习模仿动作，注意手腕后曲。

错误2：击球时拍头没有低于手腕，造成没有上旋或上旋力量不强。

纠正方法：使拍头低于手腕，每次进行检查。

错误3：击球的拍型掌握不好，击球部位不准，造成球出界或下网。

纠正方法：利用多球进行动作的动力定型练习，改进并掌握动作。

错误4：击球时向前用力过大，使球出界。

纠正方法：用多球练习，动作柔和，体会球感。

第十二节 放 小 球

一、技术特点与作用

放小球技术是一种调动、干扰、牵制对方的有利武器，它具有很好的隐蔽性和突然性特点。在比赛中配合运用放小球，可以更有效地发挥自己特长技术的攻击性，使对方不能专心于防守，打乱对方的站位、击球节奏，而使自己各项技术得到充分发挥。在对方体力大幅度下降的情况下，运用放小球战术可以摧垮对方的意志，加快对方体力的消耗。

放小球的时机之一是，当对手前后移动慢，网前技术差时，把对手从后场引至前场，创造进攻得分机会；另一个时机是，当对手站在后场或大角度跑出场外时，突然放小球，使对手来不及到位而得分。掌握了放小球技术，可使自己打法多变，令对手捉摸不定。

二、基本技术要领（见图3-12-1、图3-12-2）

放小球采用常规的正、反手引拍动作，就像在挑高球时，在击球前呈开放拍面打下旋球，球拍稍微加速，使球落在网前。在放小球之前，要考虑球场的地面材质、风速及风向、来球的球速、自己距离球网的距离。

（一）握拍

为了使击球具有隐蔽性，正、反手放小球的握拍相同，可使用东方式或大陆式握拍法。

（二）准备姿势和引拍

球员的站位姿势和引拍动作应与正、反手击球动作一样，以使动作具有隐蔽性。放小球的击球动作类似于反手削球或正手下旋球,相比较而言它的引拍要稍微小一些,而随挥要小得多。实战中,观察对手的位置后,可向前突然发力下切来球,通过轻巧的触球让球产生下旋,这样可以使球刚好过网,并且反弹得很低。

(三)击球

眼睛注视来球,击球的中下部,触球时拍面打开,腕部松开,球拍在触球时向下移动。充分向上倾斜自己的拍面同样可以制造更多下旋,不过需要在隐蔽动作的最后一瞬间做出,否则会被对手识破。要控制好挥拍速度,在球拍将要与球接触的过程中逐渐放慢拍速能起到卸力的作用。在放小球时球拍不要握得过紧,放松持拍手有利于让自己的击球变得更柔和,并且能够改进触球瞬间的感觉。击球必须在能够控制的范围内产生尽可能多的下旋,务必让球落在刚过网的位置。

(四)随球动作

随球动作幅度很小,通常大约在腰部高度结束,随球动作结束时,拍面打开。

图 3-12-1 正手放小球

图 3-12-2 反手放小球

三、放小球练习方法

放小球要解决的主要问题是放球的距离问题,太深容易让对手有充分的时间做好击球的准备;太浅容易导致球直接下网,因此,必须熟练掌握下旋切球的技巧。

(一)对墙放小球练习

练习目的:体会放小球的动作方法。

练习方法:练习者距墙5—6米左右,用球拍送球上墙后,等球落地两次或一次后再轻削送球上墙,可用正手或反手练习。

练习要点:能用切削推送并减速的方法完成放小球动作,保持连续进行。

(二)反弹放小球自我练习

练习目的:体会放小球动作方法与控球力量。

练习方法:练习者站在底线,自我抛球,待落地反弹后,用正手或反手下旋方式切球,送至对方网前。

练习要点:眼睛看球,击球时手腕由握紧到适度放松,轻巧的触球让球产生明显下旋特征,使球刚好过网,并且反弹得很低。

(三) 凌空放小球练习

练习目的:提高对球的判断和控球能力。

练习方法:练习者站在底线将球抛起,高于头顶约 0.5 米,用正手或反手切削球方式,凌空送球。

练习要点:不要让球落地直接送球,如果一开始的感觉不准,不好控制球的话,也可以先让球落地,待它反弹后再切球,随后重新抛球,尝试凌空直接切到球。

(四) 场地实战练习

练习目的:提高在移动中放小球的能力,改善临场应变能力。

练习方法:同伴站在底线向对面场地任一区域送球,练习者判断移动后,用削球动作放小球。

练习要点:要让球过网后落在距离球网 2—3 米内,且落地后能产生向后反弹的效果;较熟练后,放小球动作要有一定的隐蔽性,不可过早暴露意图。

四、放小球易犯错误及纠正方法

错误 1:开拍太早,隐蔽性差。

纠正方法:后摆引拍采用正确的正、反拍击球动作。

错误 2:击球太深,造成对手能轻易击到球。

纠正方法:随球动作幅度很小,腕部松开,减力击球。

错误 3:击球点太后,击球匆忙,常失误。

纠正方法:多送前点球,练习向前跨步削击球。

第十三节 反 弹 球

一、技术特点与作用

反弹球是一项由被动变为主动的过渡性技术,主要是用来回击对着脚下打来的球,或在发球上网和随击球上网的途中,来不及到位打截击球而被迫还击刚从地面弹起的低球。绝大多数的反弹球出现在单双打比赛中运用发球上网战术时,有经验的对手在破坏上网进攻时,常把球打到对方的脚下或两侧迫使对方从低处向上回击出反弹球,难度是极大的。因为击球点低且多在中场,很难加力进攻,只能推深或控制落点为下次进攻做准备。如果判断准确及时,宁可加快上网速度截击凌空低球或突然放慢前冲速度待球落地跳起在高点加力进攻。

二、基本动作要领(见图 3-13-1、图 3-13-2)

(一) 握拍

使用东方式或半西方式握拍法用正手和反手上网打反弹球。上网打带侧旋的反弹球时,也可以使用大陆式或东方式握拍法。

（二）准备姿势和引拍

当判断来球需要打反弹球时，迅速下蹲，降低重心，如正拍反弹球，应转体左脚向前作跨步，右脚弯曲，反拍反弹球则相反，此时身体前倾，同时必须保持身体平衡，后摆动作视球过来的球速和准备时间快慢而定，一般后摆动作要小，转体时已完成。

（三）击球

击球时眼睛必须看球，手腕与前臂紧固，拍面略开，身体重心前移，利用小臂带动手腕动作，拍子由下向上把球借力推挡过网，同时使球略带上旋。

（四）随挥动作

球拍的速度逐渐减低，随挥动作不宜太长，能达到引导出球方向就够了。

总之，反弹球技术动作中的几个重要环节是低重心、交叉跨步、深蹲、后腿膝关节几乎触地、身体保持平衡、眼睛盯住来球、在球弹起瞬间击球、拍头不要下垂。当对方挥拍击球时，应注意判断，同时放慢前冲速度并判断出对方的击球方向，判断时应有一个两脚开立的跳步，然后衔接的是向左或向右的跨步击球动作，这也是上网步法的特定要求。

图 3-13-1 正手反弹球

图 3-13-2 反手反弹球

三、反弹球练习方法

(一) 自抛自打练习

练习目的:体会击反弹球的动作过程。

练习方法:原地距挡网 3—5 米,向上抛球,然后降低身体重心,待球刚弹起时,做反弹球练习。

练习要点:眼睛盯球,手腕放松,打准球。

(二) 对墙反弹球练习

练习目的:提高球感及球拍的控球能力。

练习方法:在距墙 3—5 米的地方,对墙打一次稍高的球,再打一次刚落地的反弹球,反复依次进行正、反拍反弹球练习。

练习要点:控制好节奏,击准球,保持连续击球。

(三) 场地反弹球练习

练习目的:提高对反弹球的判断及球拍的控球能力。

练习方法:同伴站在场地中间向对面中场的练习者脚下送球,练习者进行反弹球练习,送球者可向练习者正、反手进行送多球练习。

练习要点:重心降低,拍面对着击球方向,向前上送出。

(四) 结合实战,由后场向前场跑动至中场击反弹球练习

练习目的:提高处理反弹球应变能力。

练习方法:同伴站在底线向对面底线练习者送球,球送至中场附近,练习者正手或反手击球后,上至中场,同伴把球击向练习者脚下,练习者用正手或反手击反弹球。

练习要点:练习者回击球时要有目的地把球击向对方脚下,练习者眼睛盯球,降低重心,减小引拍,挡击回球。

四、反弹球易犯错误及纠正方法

错误 1:后拉拍幅度过大,造成来不及击球或击球点偏后。

纠正方法:拍挥动时可在身后放一固定物挡住拉拍幅度。

错误 2:没有充分做到曲膝弯腿、降低重心击球。

纠正方法:准备时注意曲膝弯腿而不是曲上身,做动作时身体不要起伏太大。

错误 3:拍触球瞬间,眼睛离开球,造成漏击或击不到拍子的甜点上。

纠正方法:眼睛始终盯着球,拍子对准来球。

错误 4:击球时手腕不够紧张,造成击球无力。

纠正方法:注意击球时手腕紧固和放松的交替进行。

第三章 网球运动基本技术与练习

思考题

1. 网球握拍方法有哪几种？如何理解正确的握拍方法会使你感到球拍是你手臂的延伸和手掌的扩大？
2. 普通网球练习者，为确保不失误，如何选择击球时机？
3. 网球击球时移动步法有哪些？如何理解网球中"用脚打球"这句话？
4. 当来球分别为上旋球和下旋球时，击球应注意些什么？
5. 如何减少发球失误？初学者或一般网球爱好者减少发球"双误"的意义是什么？
6. 接发球技术各有哪些类型？一般网球爱好者如何才能做到接发球成功？
7. 截击球的动作技术要领是什么？如何才能确保在击球点上击到球？

第四章　网球运动基本战术

 学习目标

1. 了解网球运动的三种打法类型。
2. 初步掌握单打基本战术及其影响发挥的因素。
3. 了解双打的基本站位与基本战术。

网球战术是指运动员在比赛中为赢得比赛或期望的结果而采取的策略和行动。网球比赛的战术包括组织与实施比赛各方面的问题，诸如发球与上网，正手与反手，深球与浅球，上旋与下旋，加力与放小球等。初学者掌握一定技术后，可能会希望找个对手打打比赛，在比赛前应该懂得比赛的程序、记分方法及基本的界内、界外球的判定，同时也要搞清楚发球的先后次序及左右区的轮换。但发球上网、随球上网之类攻击性很强的技战术一般不宜为初学者所采用。先稳住底线，待有好机会时再上网才是比较切合实际的做法。基本技战术的磨炼、应用和提高是一个过程，初学者不可操之过急。

第一节　网球的三种打法类型

一、底线型

运动员基本上保持在底线抽球，较少上网，主要依靠球的落点、速度和旋转变化控制对手，出现机会时偶尔上网。这种打法原来偏重防守，比较被动。近年来，优秀底线型运动员一般都能掌握扎实的正、反手抽球，并具有相当强的攻击能力，利用快速有力的抽球打出落点深而角度刁的球，能够一拍接一拍地使用大角度的猛抽，并使球带有较强的上旋，迫使对手处于被动局面。当出现中场浅球时，以快速迎前的动作进行致命的一击，这种类型虽在比赛中很少上网，但遇到少量的上网，也能抓住时机进行网前攻击。另外在接发球和破网技术方面，能顶住对手强有力的发球，既会用隐蔽动作完成破网技术，又会抽挑结合，使对手网前难以发挥威力。

二、上网型

运动员积极创造一切机会和条件上网，到网前攻击，如发球或抽击球后积极争取上网，并在空中截击来球，使对手措手不及。这种打法积极主动、富有攻击性，上网后利用速度和角度造成对手还击困难，但也有一定冒险性。优秀上网型运动员一般都能掌握发球上网和抽球上网的战术，发球技术凶狠、力量大、有威胁性，同时，截击球和高压球的攻击力也很强。

三、综合型

它是底线和上网两种打法的综合使用,运动员结合对手情况采用不同打法,随机应变。优秀综合型运动员一般都能掌握全面技术,无论是发球、接发球,还是截击和高压球,都具有很高水平。综合型技术选手,能够根据不同的对手、不同的比分、不同的临场情况采用相应战术。有时底线对抽,有时伺机上网截击,时而发力猛抽,时而稳抽稳拉。有时削放轻球,有时挑出上旋高球,充分发挥多样化技术,并结合敏捷步法,机智灵活地争取主动。

第二节 网球初级战术

初级战术是初中级网球爱好者可以选择的战术,其主要特点是减少自己的失误,保护自己的弱点,攻击对方的弱点。网球初级战术应包括如下几个方面。

一、减少失误

在网球比赛中,最重要的是要做到减少主动失误,减少回球下网和击球出界。特别是难以打出制胜球时,寻求回球安全是至关重要的。对于初级阶段的球员来说,主动进攻得分的能力一般都还不强,得分、失分主要依靠对方和己方的失误来实现,这样,失误少的一方就有可能赢得比赛。

二、打对方反手

一般人的反手都比正手弱,而且初中级选手的反手可能就是他最大的心病所在,所以不管和谁比赛,首先考虑到的是打对方的反手,攻击其弱点,让对方回球失误。

三、打对角球

当你和对手底线相持的时候,如果没有好的机会尽量打对角球。这主要基于三方面的考虑,首先,球网中间最低,减少了下网的机会;其次,对角的距离最长,减少了出界的机会;最后,斜线球过网后,如果对方打直线,可能因为球网高,距离短而失误,此时,对方可能最好打的回球也是对角球,如此你就可以比打直线球少跑一些距离。

四、发挥自己的长处

要了解自己技术上的长处,比赛中擅于使用擅长面。如果你正手技术比反手技术好,就要尽量多使用正手进行进攻,在时间允许时,可以绕到反手位打正手球。如果不能很好地击准反弹后处于上升期的球,就应退至底线后,以击反弹后处于下降期球为主。

五、把球发过网

网球发球技术相对复杂,技术难度高,对大部分网球初学者而言,发出力量大、角度刁的球是不现实的。即使你的发球很慢,但只要发到对方反手,一般的初中级选手是很难一拍把你打死的。只要你把球发过去,保持命中率,还是有机会拿下这一分的,所以有时二发可以选择下手发球,避免网球比赛演变为"双误"比赛。

第三节 网球单打战术

网球单打时,会出现以下几种情况,即一方发球时、接发球时,双方都在底线时,自己上网时和对方上网时等情况,对于出现的每一种情况,都有一系列的战术可供选择和采用,这对赢得1分、1局,甚至整场比赛至关重要。自如和合理运用以下技术,必须以一定的技术能力为基础。

一、发球

(一) 一般情况

对自己的发球具有信心,利用发球从一开始就控制局势,变换发球位置和目标,使对方捉摸不定。

(二) 一发

1. 通常将球发向对手弱的一侧,不要忘记发追身球。
2. 不要用力过大,通常用70%—80%的力量即可。如是大力发球,可考虑上网截击。如用中等力量发球,要有角度,球路明确,随即掌握场上主动。
3. 发球要稳,力求达到70%的成功率。
4. 如一发很弱,留在后场,等候对手回球,估计会击向你最弱的一侧。

(三) 二发

1. 要稳,二发要有100%的成功率。
2. 变换旋转和速度,用你的二发进行攻击,不要忘记发追身球。
3. 尽量发深球,不要发近网球。
4. 如发球好,向前移动或上网截击;如二发很弱,留在后场,等待对手回球,回球可能击向你最弱的一侧。

(四) 球路、旋转等

1. 根据场地类型采用旋转发球,并变换发球落点,使对手捉摸不定。
2. 发左区时,发外角侧旋球;发右区时,发内角侧旋球。

3. 发平击球时,发左右区的内角;发上旋球时,发左区的内角,发右区的外角。

(五) 发球上网截击

1. 多数情况下,利用良好的一发上网截击得分。
2. 沿可能的回球线路移动上网截击。
3. 关键分时,又是二发,发球上网截击不失为出奇制胜的一招。

(六) 发球后击落地球

发球后移至左侧和中央位置(右手握拍型选手),用正手进攻。

二、接发球

(一) 一般情况

1. 力求将球击入场地一个特定位置(如对手的弱点)。
2. 变换接发球方式,改变接发球的速度和旋转。
3. 力求判断和看穿发球方的意图(注意抛球动作),并根据发球方的站位变换你接发球的位置。
4. 对付大力发球时,采用挡球式接发球。用一个正确的转髋和转肩动作向后引拍,动作要小;接力量小的发球时要提前准备,朝球的方向斜线移动,迎上去挥拍击球。接弹跳高的发球时,提前移动做好准备,侧身正手击球。用削球接发球也是一种备用武器。

(二) 一发

1. 接一发时要稳,力求不让对方一发轻易得分。
2. 如对手留在后场,接发球时用挡击打一个深的直线球,或有角度的球,或用上旋高球送至对方反手。根据接发球的类型,上网截击或留在后场。

(三) 二发

1. 每当出现机会时,应有攻击二发的意识。攻击二发时,当球上升至肩高时击球,以保持场上的主动。
2. 用正手侧身攻或跑动中正手打直线球,偶尔打一个轻吊球。
3. 对手二发时,向前移动或向反手一侧移动侧身正手进攻。
4. 如对手上网,用一个近网上旋斜线球或深的直线球攻击回球。根据接发球的类型,上网截击或留在后场;如对手留在后场,接发球时用一个深的直线球或小斜线球攻击。

三、双方都在底线

(一) 一般情况

1. 通过连续地施压迫使对手出现失误,击球位置靠近底线,要利用整个场地。

2. 坚持打深,使用斜线对拉战术以争取时间和控制。采用组合击球战术(如打深的直线球后接打对角斜线球)。

3. 用平击球和上旋球进攻,对攻时要变换节奏,可以快慢结合,长短结合,各种旋转球的结合。

4. 处于被动时,多打控制球,少发力。用高而深的慢速球变换速度,接打角度刁或速度快的来球。

(二) 击落地球

1. 正手:在 3/4 的场地内用正手进攻和回击所有可能的回球。
2. 反手:打斜线是为了从底线对攻,打直线是为了随球上网得分。
3. 感到紧张时,勿放小球。

(三) 处于进攻

1. 力求调动对方。
2. 使用轻吊球,令对手措手不及。

(四) 相持

1. 要打高而深的球和斜线球,调动对方。
2. 如对方主动打你的反手,争取朝反手方向移动,用正手攻击。

(五) 处于防守

1. 打调整球瓦解对手的优势。
2. 打高球、深球、角度刁的球。
3. 跑动救任何可能救起的球。

(六) 对手移动差

1. 力求用大角度击球、低球、挑高球、各种旋转球等变化打法打乱对手的步法。
2. 当对手在跑动中或从远离的位置击出直线球时,你可打一小斜线。

(七) 对手是一个好的底线型选手

1. 使用发球上网截击战术。
2. 要耐心回球,减少失误,等待时机。
3. 用角度刁的近网削球将对手吸引到网前。

(八) 对手是技术全面型选手

1. 击落地球时要稳。
2. 不要出现非受迫性失误。

(九) 对手是上网型选手

1. 打深球和角度大的球。

2. 将对手压在后场。
3. 灵活使用挑高球。

四、随球上网或是在网前

（一）一般情况

1. 从中场使用大力的准确击球或球在上升时击球,控制局面,威胁对方。
2. 上网,令对手措施不及。
3. 随球上网,把球击向对手弱的一侧。
4. 截击前先跨步。
5. 不要过多地使用轻吊或空中短击,使用它们是为了将对手调至网前或作为一种出其不意的战术。
6. 中场截击球要深而低,网前区截击球应有角度、短而有力。
7. 随时防备对手挑高球。

（二）中场打法

1. 截击空位得分。
2. 始终将球击向对手弱的一侧。
3. 随球上网,朝空位截击。
4. 如果你打出深而高的球,等候对手的反应,对手回球时,上去封住穿越球。
5. 如果你挑一高球,对手不用高球扣杀,此时你应上网,但当心对手挑高球。
6. 如果你击出一轻吊球,对手上来救球,你应上网封死角度。
7. 如果来球是一个没有威力的中场高球,用空中截击、空中扣杀或空中抽杀攻击对手。
8. 如果来球是一个齐腰高的中场球,打深的截击球,移动至网前。
9. 如果是一个打在你脚下的低的中场球,击深的反弹球,或击直线低截击,或让球弹起后击落地球。

（三）网前打法

1. 如果是一个齐腰高的球,用你的最佳截击打空档。
2. 如果是一个近网低球,用低截击球打空档或打追身球,也可打角度刁的轻吊截击球。
3. 防备对手的穿越球或挑高球。
4. 如果是一个很高的慢速球,用空中截击或高压击向空档。
5. 如果是一个很高的中场球,用空中高压打空档。
6. 你被迫打反弹球时,要在你的身前击球。
7. 不必过早防备挑高球,观察对手击球时的拍面。

五、穿越球

1. 所有的穿越球应是低球。

2. 避免不必要的冒险。让对手在别扭的情况下(如打中路低球)截击,然后再打穿越球(2次穿越球战术)。

3. 斜线穿越球应是角度刁的击球,打直线穿越球时应发力、打深。

六、影响单打战术发挥的其他因素

(一) 球员的气势和锐气

在每一场网球赛中都有一些转折点和关键时刻。锐气是指一名选手能够控制对手和比赛的气势,它是决定许多网球比赛结果的关键因素;好的选手能够控制对手的锐气,当比赛的形势对自己有利时,他能占据上风。研究表明,连续得分有助于形成锐气。多数情况下,连续得3分或3分以上的选手总是获胜。每一分都是重要的,有些得分更影响比赛的进展(获得锐气、自信心)。理想的情形应是选手用同样的努力和强度打每一分,而不是过分看重某一分的得失。

(二) 比赛环境

1. 场地表面的类型和特征(见表4-3-1)

表4-3-1 场地表面的类型和特征

特定因素	慢速(沙地、红土地)	中速(室内场地、硬地)	快速(草场地)
地面条件	1. 地面较粗糙。 2. 与球的摩擦较大。 3. 球弹跳较高,球速较慢。 4. 沙土、石粒、沥青、多孔混凝土等。	1. 面较平滑。 2. 与球的摩擦较小。 3. 球弹跳中等高度,球速较快。 4. 室外涂塑地面。 5. 塑胶地面和室内地。	1. 地面非常平滑。 2. 与球的摩擦很小。 3. 球弹跳不高,球速快。 4. 草场地和塑胶室内地。
球的弹跳	较高、较慢。	速度和弹跳增加。	弹跳又快又低。
弹跳速度	慢并取决于沙、土的类型。	较快并取决于粗糙程度。	快并取决于草的类型和长度以及地面的硬度。
移动	1. 有足够的时间抢救险球。 2. 能滑步。	不能滑步。	步法应该快、短而稳健。
引拍动作	动作大、稍高。	动作较大。	引拍动作要小。
感觉、反应、判断	有足够的时间感觉、反应和判断。	时间稍短。	应具备良好的反应能力才能做出快速反应。
基本战术原则	技术全面的打法。	多趋向于进攻。	发球上网的打法。

2. 针对不同场地所采取的战术对策

(1) 慢速场地(沙地、红土地)

① 击球多用上旋,球越过球网时很高且深。

② 要对长时间的对攻做好精神准备。

③ 有效地利用转体加大击球力量(角动量)。

④ 在沙地(红土地)实施你的"战略"要有耐心。

⑤ 发球时发上旋球或有角度的高跳球,而不是仅仅追求大力发球。

⑥ 采用令对手疲劳的战术,因为慢速场地能让对手救起多数险球。

⑦ 练习侧滑步和前滑步。

⑧ 学习使用放小球作为一种得分手段。

(2) 中速球场(室内场地、硬地)

① 使用各种类型的旋转,但应多用击上旋球和半高球。
② 有效地利用脚步动作。
③ 针对不同的对手需要采用不同的战术。
④ 发球时使用的旋转和力量要富于变化。
⑤ 综合采用不同旋转和不同角度的击球。
⑥ 攻击浅球时击向对手身后,并随球上网截击。
⑦ 使用攻击型的挑高球。

(三) 针对不同气候条件应采取的战术对策(见表4-3-2)

表4-3-2 针对不同气候条件应采取的战术对策

风向	太阳	雨	其他
来自选手身后: 1. 击球过网时要低。 2. 多打上旋球。 3. 力求多打截击球。 4. 打穿越球,避免挑高球。 5. 用侧旋和下旋控制击球。 6. 发球时调整抛球。	发球: 1. 变换发球位置。 2. 在不同的位置抛球。 3. 要保证一发成功率。	球较重: 1. 提前准备微蹲。 2. 随球动作稍大些。 3. 击球时多提拉,加速。	室内/室外: 室内球速比室外球速快。
来自选手的正面: 1. 击球过网时稍高些。 2. 击球时加力。 3. 提前做好击球准备。 4. 采用上旋高球,不打穿越球。 5. 采用放小球。 6. 发球时调整抛球。	接发球: 让对手在向阳的一端接一发。	草地球场或涂塑场地: 1. 步法要稳,保持平衡。 2. 可能时,要换球鞋。	海拔: 1. 海拔高时球的飞行速度较快。 2. 要求有更好的控制能力。
横穿场地: 1. 根据风向,朝边线或场内击球。 2. 采用发下旋球和侧旋球上网。	比赛过程中: 1. 背向阳光时可挑高球。 2. 比赛过程中如果阳光变化,则改变战术。	粘土场地或沙地属软质粗糙场地: 1. 保持正确的步法。 2. 必要时,改变基本打法。	气温: 1. 高温时球飞行速度较快。 2. 要求有较强的控制能力。
变化无常的风向: 1. 精力集中看球。 2. 使用快速移动。 3. 保持平衡和控制。 4. 使用简练的技术。 5. 打成功率。	双打: 队中配备左手握拍选手,这样,两人都不必对着太阳发球。		

第四节 网球双打战术

网球双打比赛和单打比赛一样,具有悠久的历史,深受业余网球爱好者的喜爱。双打比赛是在发挥个人单打比赛技术基础上,互相配合进行的活动(见图4-4-1)。网球双打与单打战术特点截然不同,双打的显著特点是网前的激烈争夺,一般来说,谁控制了网前谁就有更多的进攻得分机会。由于更多地参与到网前进攻,双打对技战术的各方面要求也更高,例如发球、接发球的水平,场上的反应判断能力,网前处理球的冷静,进攻及防守反击的能力。

图 4-4-1 网球双打比赛

一、网球双打的站位与战术

(一) 发球局的站位

发球局站位应贯彻"以我为主、以攻为主"的指导思想,从有利于发球局的战术意图出发来决定两人的位置,通过比赛观察对方技战术情况再做调整。

1. 常规站位

右区发球的站位:

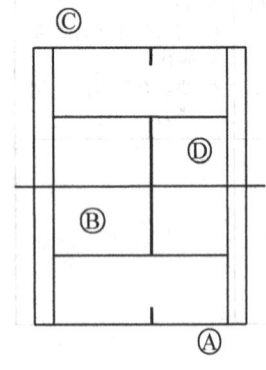

图 4-4-2

发球员 A 应站在底线中点与双打边线的中间或略偏右 20—30 厘米的位置上(如图 4-4-2),同伴 B 站在左侧网前距网 2—3 米、距左侧双打边线和发球区中线之间的位置上,B 的站位以保护边区为主兼顾中路的原则(因为如果边区空档过大被接发球员 C 以直线穿越则无法补救,而中路来球可与发球员 A 在网前拦截)。这样的发球局阵势给对方 C 的感觉是:网前 B 已摆好抢网进攻的架势,不但要接好球,还要尽量避开 B 的抢攻。

发球员 A 的站位要考虑以下几点:

(1) 发球后上网占据右区半场进攻有利位置,A 可与同伴 B 在网前封住接发球的角度,在网前进攻。

(2) 发球员 A 的站位应使发球落点有更灵活的选择余地,即可以用大力侧上旋发球将球发至边区外角拉开对方,也可以变化落点攻击对方中路内角(大多数右手持拍者的反拍),因为发球的落点变幻莫测对双打战术非常重要。

(3) 发球员 A 与网前同伴 B 保持合理的距离,即使战术变化需要抢网交叉换位,A 向左前跑动距离也比较适中。

左区发球站位:

发球员 A 在左区双打边线与中点之间略偏左的位置(如图 4-4-3),这样的站位可以更有利于发出拉开对方的外角球。即使在站位上向左多调整一些也不会影响发向对方中区内角的球。像右区发球站位一样,同伴 B 在网前右区,站在距网 2—3 米、距中线与右侧双打边线之间,以确保右侧不被直线穿越为主兼顾中路并与发球员 A 在网前默契配合占据优势。

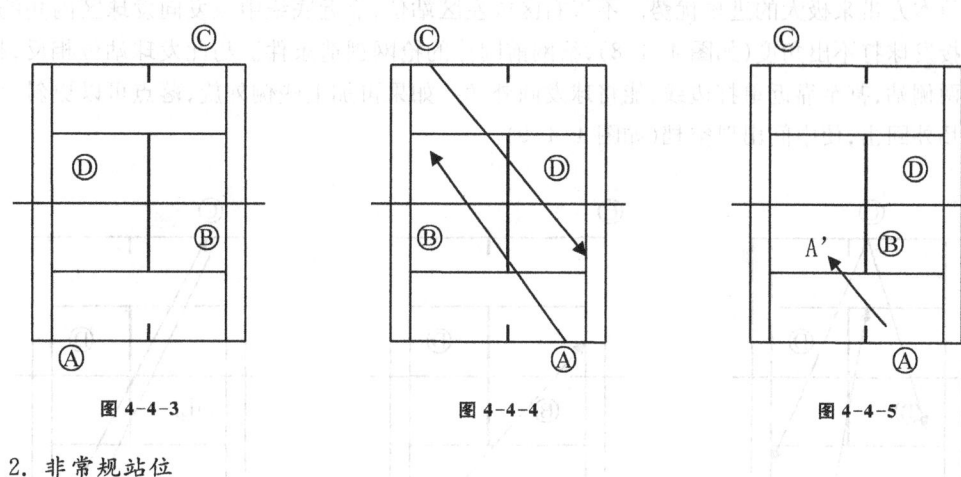

图 4-4-3　　　　　图 4-4-4　　　　　图 4-4-5

2. 非常规站位

右区发球站位:

在右区发球时发现接球员 C 擅长回击小斜线球(如图 4-4-4),因为接回的球特别斜,不但网前同伴 B 无法抢截,发球员 A 冲上网后也很难处理,造成网前的被动,一旦出现此种情况可以调整为如图 4-4-5 所示的同侧站位的方法。

这种站位,给对方一个信号,"斜线球接发球行不通,请回直线球",发球员 A 为便于上网封住左半区,应站在接近中点的右侧底线后(像单打右区发球站位),发球后冲至 A'处,与网前同伴 B 共同组织网前的进攻。B 在网前的站位以封住回击的斜线为主,并适当向中区调整与发球后上网的 A 在网前截击对方的来球。这种同侧站位首先在擅长双打的澳大利亚使用,所以又叫澳式双打站位。

左区发球的站位:

与右区相似,如果发现对方 C 在左区接发球擅长打破网小斜线(如图 4-4-6),使我方上网进攻受阻,网前同伴 B 很难抢到,而且 A 上网后也很难处理前场的低斜球,则只好改变为左区的同侧站位以封堵小斜线的接发球(如图 4-4-7),B 换网前站位于左侧与 A 同在左场区,发球员 A 在底线后向右移至中点附近,以利于发球后上网封住对方的接发球。这样的站位迫使 C 打出直线为主的回击。

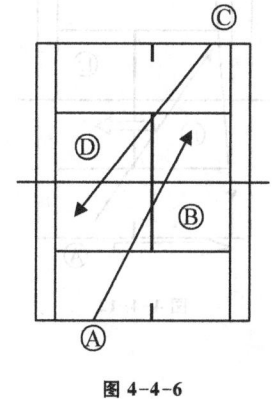　　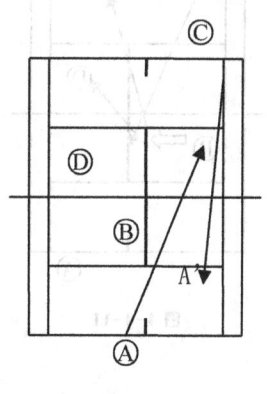

图 4-4-6　　　　　图 4-4-7

(二) 发球局的战术

1. 发球站位与发球落点的关系

双打比赛中发球的攻击力不仅表现在力量和速度上,准确、多变的落点再配合同伴在网前的抢攻会给本方带来极大的进攻优势。不管右区或左区站位,靠近底线中点发向发球区内角的球,使对方接发球打不出角度(如图 4-4-8),给网前同伴的抢网创造条件。与此发球站位相反,越靠近底线两侧站,甚至靠近单打边线,能将球发向外角。如果再加上些侧外旋,落点可以更斜,把对方拉出场外回击,使中间出现空档(如图 4-4-9)。

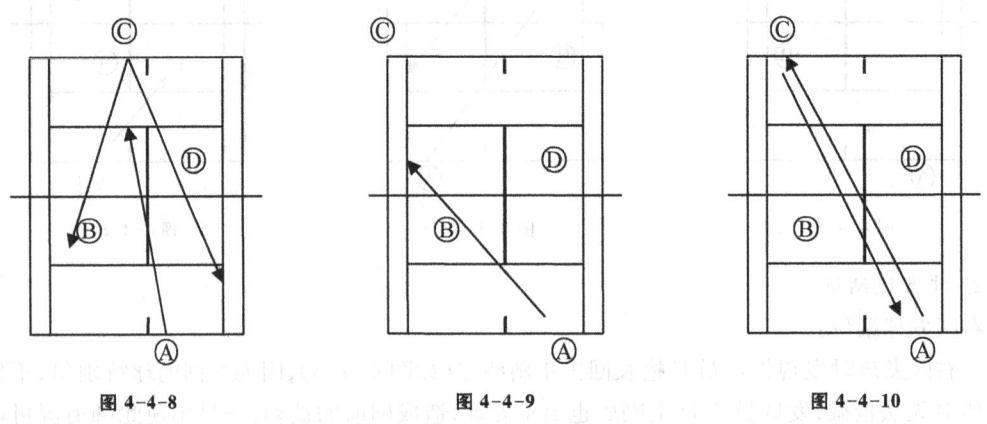

图 4-4-8　　　　　　图 4-4-9　　　　　　图 4-4-10

2. 发球局的战术

(1) 发球局前后站位的战术:发球员的同伴在网前,发球员发球后不上网(如图 4-4-10),形成一前一后的站位。

(2) 一般抢网:此种抢网是在判断来球的方向后,抢到球网中央的吊带附近,抢打后仍回原来站位准备,抢打的球一般击向两人的中间或接发球员同伴的脚下(如图 4-4-11)。

(3) 全换位抢网:网前队员抢网后与发球员交叉换位,原先左区的队员换至右区,右区的队员到左区(如图 4-4-12)。此种抢网需要坚决果断、默契合作,网前的队员多在背后给发球的同伴做手势(暗号),提示下面将采用换位抢网战术。

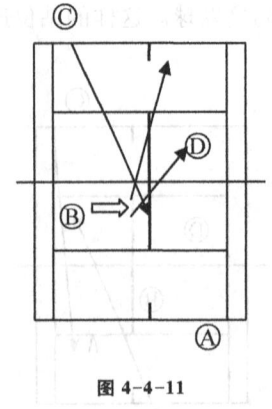 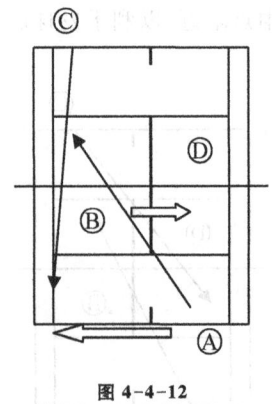

图 4-4-11　　　　　　图 4-4-12

(三)接发球局的站位

双打比赛规则规定:接发球员的站位在该盘中不得更换,因此双打比赛中接发球首先遇到的配合问题是谁站在右区接单数分的发球,谁站在左区接双数分的发球,怎样站位更有利己方,一般应考虑以下几个方面。

1. 接发球方正手强者多站在右区接发球,反手强者则站在左区接发球,这样的站位更有利于大角度两侧来球的防范,而当中路来球时,一般以左侧站位的队员回击更有利,因为他是用正手击球。

2. 如果双打搭档正好是右手与左手握拍的配合,则可以考虑右手握拍者站在右区,左手握拍者站在左区接发球。中路来球两人都是反手,可事先商定主要由谁来回击中路来球。

3. 左区的接发球分占据大多数的局点、盘点和赛点,这些都是非常重要的关键分,接发球的好坏直接关系到胜负,因此,左区的接发球员应该是技术全面、经验丰富、心理素质好的队员。

(四)接发球局的站位配合

1. 双底线站位:接发球员 C 接发球时同伴 D 站在另一侧底线(如图 4-4-13)。双底线战术一般在如下情况使用。

(1) 对方的第一发球攻击力很强,接发球员接球被动时,同伴退下来配合比较有利。

(2) 发球方的发球与抢网配合默契,屡屡得手时,同伴退下来共同防守。

(3) 对方采用同侧站位或特殊站位,接发球员很不适应时,同伴退下来也是一个较好的选择。

2. 一前一后站位:接发球员在底线附近接球,同伴站在另一侧发球线附近准备(如图 4-4-14),这是较为常见的接发球站位方法。这种站位方法一般用于如下情况。

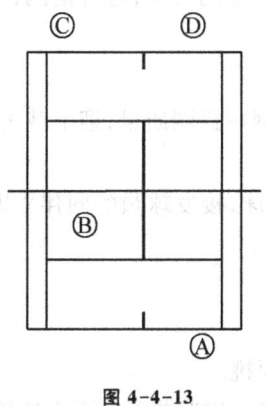
图 4-4-13

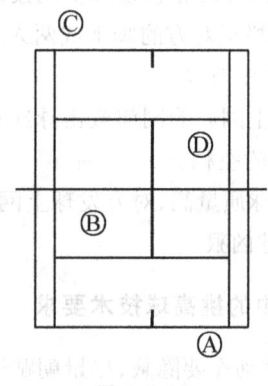
图 4-4-14

(1) 接对方较弱的发球(多是第二发球)。
(2) 准备抢攻(包括接发球配合抢网进攻)。

二、网球双打中各项技术应用介绍

根据双打各项技术的重要性和使用频率,主要从发球、接发球、网前截击、挑高球、高压球及底线技术等六个方面来介绍。

(一) 双打中发球的一般要求

1. 提高第一发球的成功率和质量,用 80% 的力量发出平击、侧旋、上旋,发球命中率达到 70% 以上,第二发球利用旋转,加强落点的控制,尽量减少第一发球和第二发球之间的差别。
2. 用不同的发球及变幻无常的落点,来控制发球局的主动权。
3. 根据同伴在网前封网的位置和对方接发球的站位及技术特点,来选择发球的方式和发球的落点,为网前同伴的抢网创造有利条件。

(二) 双打中的接发球要求

1. 面对发球员早做准备,站好位置,判断准确。动作小而快的接发球能提高接球的成功率和质量。
2. 双打的接发球应有计划地向发球者进行回击,决不能轻易打给网前的对手。判断出对方发球上网后,应立即迎上击球,用低球回击至对方的脚下,然后上网。
3. 双打的接发球要眼明手快。接发球的方法可采用迎上压着打,或迎上推切削球,或打上旋球,让对方难以舒服回球。

(三) 双打中的网前技术要求

1. 对发球方而言

(1) 如对方接发球员没有上网,发球上网后的第一次截击球应截击至接发球员处,然后继续向网前贴近。要求截击球拦得平而深。
(2) 如对方接发球上网,发球上网后的中场第一拦应拦至对方上网者的脚下或两人之间的空档处。要控制击球的力量和落点。
(3) 发球方同伴应根据发球员的发球质量及对方接发球的习惯,进行抢网,干扰对方的接发球。要求拦网球拦至对方的脚下或两人之间。

2. 对接发球方而言

(1) 接发球上网后的网前截击球应根据对方发球上网后拦网质量,迎上截击,将球拦至对方脚下或两人中间的空档。
(2) 如接发球质量高,对方发球上网中场第一拦起高球,接发球员的同伴立即抢网截击。要求动作突然,击球凶狠。

(四) 双打中的挑高球技术要求

1. 挑高球时动作要隐蔽,尽量朝贴近网前对手的后面挑。
2. 不要在对方一上网就挑高球,要等对方拦了一板球后靠近球网时再突然挑高球。
3. 高球要挑到防守方的后场,同时应立即上网抢占网前进攻位置。

(五) 双打中的高压球技术要求

1. 如对方两人站在底线都不上网,高压球应是落点深或是在对方两选手中间及大角度的击球。
2. 如对方有一人还在网前或中场,高压球应击向对方网前队员的脚下。
3. 如防守高球挑得深,应注意高压球的成功率,把落点压深,以求第二次进攻。

第四章 网球运动基本战术

思考题

1. 制定网球战术要考虑哪些因素？
2. 根据自己的技术水平和技术特点，设想应该采用什么比赛战术。
3. 分析根据不同的环境、气候情况，如何选择战术打法。举例说明。
4. 单打战术和双打战术有哪些区别与联系？

第五章　网球比赛心理与调节

学习目标

1. 了解影响运动员比赛临场心理状态的因素。
2. 理解心理调控能力在网球比赛中的重要性。
3. 掌握普通网球爱好者比赛心理与调节。

很多的网球教练和运动员都有着共同的认识,在激烈对抗的比赛中,尤其是在一些关键球的处理中,运动员心理素质的好坏与稳定对整场比赛起到决定性的作用。拥有良好心理素质的运动员在关键时刻总能够发挥自身的技术水平甚至是超水平发挥,不断给对手强大的压力,反之,将会丧失自身技术的稳定性,导致比赛的失利。在当今网坛,除拥有良好身体素质、技术、战术水平外,运动员还必须拥有良好心理素质才可能成为网坛的顶尖高手,为此,在网球运动员培养过程中,除了技术、战术、身体训练之外,有必要加强网球运动员的心理训练,培养他们良好的心理素质。

第一节　网球运动员比赛心理与调节

一、网球比赛的特殊性

(一)网球运动员需具备的心理素质

网球运动对运动员的运动知觉、思维敏捷性、注意稳定性、意志品质、判断能力和运动决策的综合能力有着较高的要求。我们经常会看到平常理智、性情温和的人在比赛中竟会发脾气、摔拍子、大喊大叫。从这些言行中可以看出,网球是一项非常复杂的体育运动。比赛中情况瞬时变化,运动员要及时作出运动决策。有研究发现,在一场五盘三胜制的网球比赛中一名网球运动员大约要做 800—1 200 次运动决策,在激烈对抗的网球比赛中这些运动决策是在不到一秒钟的时间内完成的。网球运动员具备了包括心理技能在内的综合能力才能适应网球比赛激烈竞争的需要。

(二)网球运动的精确性

从生物力学角度来看,运动员击球时拍面角度仅仅一两度的变化就可能导致球下网或飞出底线;击球力量的大小会决定球在界内还是在界外。因此,要做到持续反复地对不同来球找到精确的球拍角度和控制好精准的击球力量对运动员来说是极大的考验。技术动作即刻反映攻防效果,在比赛中任何技术、战术动作都关系到得失分,即刻反映得失分的特点,势必给运动员带来较大的心理压力。技术动作成功与否是运动员情绪迅速变化的重要原因之一。

(三) 网球比赛的阶段性

网球比赛的分与分、局与局、盘与盘都有间隔时间,在网球比赛中会出现局点、破发点、盘点和赛点这样的"临界点"。"临界点"时期会给运动员造成巨大的心理压力,这种压力使运动员注意力无法全部集中到比赛中去,考虑与比赛无关的事宜,患得患失,最终导致输掉比赛。在比赛过程中的每两次击球之间,运动员常常都有足够的时间进行思考并对击球方式作出决策,而这短暂的时刻却会给运动员造成极大的心理压力。网球比赛经常使运动员在思维和行动之间进行快速转换,使运动员产生心理偏差,心理偏差导致击球时出现技术动作失误。

(四) 网球比赛结果的不确定性

网球比赛是运动员隔网进行的单打独斗,大部分网球比赛不允许接受场外指导,无法获得帮助,只能依靠个人力量赢得比赛。网球比赛没有时间限定,不会因为时间耗尽而输掉比赛,即使是在比赛中一直落后,甚至对手拿到赛点的情况下都有反败为胜的机会,比赛结果具有不确定性,这是网球比赛的魅力所在。

(五) 网球比赛外界因素对运动员心理状态的影响

网球是一项需要承受压力的体育运动。在一场网球比赛中,运动员要不断地承受来自对手、比赛环境以及自身的压力所带来的考验与挑战。观众喧哗、主裁误判、司线员喊叫、比赛日程和比赛时间的改变以及对手的古怪行为都会干扰运动员在比赛中正常发挥,这些因素影响着运动员心理状态,甚至可以微妙地影响到每一次击球。裁判员若有明显的误判和漏判,甚至偏袒对方,而运动员对此未做好充分的思想准备,就容易引起运动员不满、愤怒、自认倒霉、自暴自弃等消极情绪;比赛中,观众的随意走动和发出的声响,会使多数运动员感到烦躁不安,有时观众的呼喊带有主观倾向性,在运动员运用技术前或失败后给予刺激,会使运动员不仅感到烦躁,还会感到恐惧,诱发不良情绪。

二、影响运动员比赛临场心理状态的主要因素

(一) 客观因素

指在比赛中不能因运动员自身而改变的客观存在的情况,包括比赛对手的情况、场上比分以及观众、裁判、气候、比赛环境等外部因素。裁判员的执法尺度、观众的倾向性、天气突然的变化以及对手的言行,都对运动员的心理有一定的影响。

(二) 主观因素

指运动员自身的因素,如参赛目的、意志品质、技术和战术的发挥、个性特征、体能储备、自我暗示等。自身因素,又可分为先天性和后获性两大类。其中,先天性是运动员先天得到的,如运动员的个性特征(神经类型、气质特点等),先天性具有较强的稳定性,在运动员的一生中难以改变,同时,先天性因素对运动员的行为表现方式有直接和稳定的影响作用;后获性因素是运动员

在成长过程中逐步获得和形成的认识、观念、态度、需要、评价等,这些因素具有可变性,容易在外部因素的作用下发生改变。对于易变的情绪状态而言,后获性因素是主要的影响因素。

三、心理调控能力在网球比赛中的重要性

在比赛中运动员发挥技术、战术水平的好坏与心理调控能力有着密切关系,在紧张激烈的比赛中运动员要具备迅速选择战术和合理地运用技术的瞬时决策能力,在全面观察场上情况的基础上迅速作出正确的判断,通过思维采取相应的对策,合理运用自身的技术和战术的配合,以自己之长制约对手。

(一)确保技术、战术水平的有效发挥

心理调控是运动员发挥技术、战术水平的核心,可避免运动员技术、战术水平发挥不正常的现象。心理调控能力支配技术、战术运用,影响技术、战术的正确实施,因而心理调控能力是网球比赛中技术、战术运用的有效保证。

(二)稳定情绪激发斗志

在比赛处于被动局面时,运动员通过心理调控,获得愉悦的心情,稳定情绪,激发斗志,保持旺盛的斗志和必胜的信念。具备良好心理调控能力的运动员能够更好地运用技术、战术,在比赛中寻找对手的弱点,抑制对手的长处,使自己的优点得以充分发挥。

四、参加比赛的心理准备与调节

(一)加强赛前心理准备

美国学者图克托指出,运动员理想的竞技状态可描述为以下四点:
1. 身体运动自如、不紧张,力量、速度和灵活性发挥之好使自己也感到惊讶。
2. 聚精会神,注意力集中在竞赛活动上,头脑里想的就是竞赛。
3. 身心协调,动作感觉一致。
4. 感受到是一种享受,这种体验是令人愉快的,不仅对运动成绩满意,对对手都感到称心或高兴。

这种理想的赛中心理状态主要是赛前有系统的准备和长期训练的结果。因此,如何在赛前做好心理准备对于比赛的胜负有直接的影响。做好赛前心理准备工作至少有两个用意:一是对比赛能逐渐提高注意力,二是能给自己带来放心感。赛前应该怎么样准备:第一,要有良好的身体方面准备,如睡眠不足对身体和心理方面都会造成一定影响。同时,在去往赛场路上或者在赛前的热身活动中,可以听一些喜爱的歌曲,这些歌曲应该是可以激发和唤起兴奋作用的歌曲,一边听着美妙的歌曲,一边想象着打出完美击球的过程。第二,对比赛方案要充满自信,要了解对手的习惯战术、性格等,要预见因场地、观众和裁判而可能出现的复杂情况,在比赛过程中一定要注意执行情况,要灵活运用,有利于自己比赛的要坚决执行,反之,要毫不犹豫改变方案。第三,饮食时间要合理,内容要科学。比赛前两个小时进食最为合理,食物能够完全消化,向肌肉组织能量转化也能达到充分。饮用果汁、牛奶、水等水分多的饮料,宜食用粮食作物做的食品,如面包

等,或含碳水化合物多的食物,这些都是能量的来源。第四,自我放松和表象回忆,自我放松主要是通过赛前进行自我暗示实现的,做法是让自己闭目仰卧或静坐,聚精会神地想象自己肌肉放松,不要过多考虑比赛的胜负,逐步消除赛前紧张情绪,达到平时训练的状态,得到充分休息。表象回忆是运动员在自己头脑中回忆以前的比赛情况,如以前比赛时令人兴奋的场面、动作、情绪,甚至欢呼胜利的场景(包括与对手的比赛),激起运动员渴望胜利的冲动,这种状态是获得比赛胜利重要的心理条件。

(二) 在比赛过程中调节自身的心理变化

在一些关键的比赛当中,运动员经常会出现几种比赛状态:第一种,领先时容易放松或急躁,想得比较多,注意力不能集中到比赛中;第二种,落后时容易放弃或慌乱;第三种,相持时缺少耐心,一旦失误容易崩溃;第四种,关键时刻容易手软,缺少拼搏精神。在比赛结束后我们经常会听到运动员谈到自己在比赛中出现的以上几种情况,如果运动员不能够及时调整,这些现象经常会直接影响比赛结果。

1. 进行自我暗示

自我暗示是运用自我肯定和有影响力的内部语言来调节自己的需要、动机和目的,以增强自信心和稳定情绪,预防和治疗自己的不良心理。如在比赛处于劣势或关键时刻,可以运用肯定的语言,如"我能行""拿下他"等进行暗示,也可以用"冷静""跑起来"等和自己技术特点相关的语言来暗示。

2. 保持情绪稳定

比赛中影响运动员心理变化的有内在的和外在的因素。内在的因素有求胜心切、紧张、害怕等。外在因素也会刺激运动员的情绪产生变化,像比分的变化、观众的呐喊、裁判的误判,也有的运动员会做出具有挑逗性的言行来刺激对方。这些都会影响运动员的情绪,由于在网球比赛中不允许教练员进行指导,这就要求运动员要及时调整心态。因此,在任何比赛情况下,运动员都要保持稳定情绪,这是比赛成功的基本保证。

3. 控制注意力

网球比赛运动员经常会碰到如何集中注意力的问题,运动员在比赛中经常会受到来自内部和外部的各种干扰。同时,还必须作出快速、准确的判断,在这种复杂情况下,运动员就应该排除各种想法、感觉、声音等干扰,把注意力集中在现有的每一分上,不能老想上一分打得好坏,无论在何时都要保持高度注意力,只有这样才能发挥得最好。

4. 加强意志品质

意志品质是指在直观反应、判断、分析、思维的基础上为克服技术、战术、体能等一系列困难,从而实现自己既定目标的一种决断素质。在现在的网球比赛中,紧张、高强度的对抗伴随着运动员整场比赛,很多比赛都超过了 2 小时甚至更长,在长时间这种高压状态下,运动员的身心都会出现疲劳状态,各项指标都会出现下降情况,更不要说在一些比分落后的比赛中,情况更加如此。能否克服困难是考验意志是否坚强,队员是否成熟的标志。

(三) 赛后的心理状态及调节

无论胜负,一场比赛下来运动员都会产生一定的心理变化,获胜者会喜悦、兴奋、增强信心,这对运动员来说是非常重要的,鼓励运动员向着更高的目标奋斗。但有些队员也会产生负面的影响,骄傲自满、目中无人,对自己的优缺点认识不足,过高估计自己,产生轻视对手的想法。教练员要及时地观察运动员的言行变化,耐心提醒、帮助防止负面影响的发生。对于失败的运动员,教练员要及时进行心理辅导,要对比赛进行全面分析,使运动员认清自己的优缺点,学会自行调整,增强运动员在遇到困难时候的心理承受能力。在今后的训练中要有针对性地进行改正,如对于那些破发点破发能力差的,在训练中要安排他们专门打破发点的比赛,让他们体会破发点时的心理压力,从而克服怕输、手软、不敢进攻等毛病。同时,要鼓励运动员具有挑战欲望,在下一次比赛中战胜对手。赛后要安排运动员积极休息,把注意力转移到场外,调节精神状态,有意识地进行一些有利于心情舒畅的活动,例如,听音乐、游泳,或进行别的体育项目,目的是消除疲劳和紧张情绪,促进机能恢复,缓解比赛带来的压抑和心理负担。

第二节 普通网球爱好者比赛心理与调节

一、普通网球爱好者参赛不良的心理状态

人的心理状态即情绪对人的生理有一定的影响,情绪是人们的内在心理状态在情感方面的外在反应,人体的肌肉、血管、内脏及内分泌腺,都随着情绪的波动而发生变化。情绪可因其发生的强度、速度和持续时间分为激情、心境、应激三类,它是竞赛心理状态的关键因素,情绪的变化与外界刺激因素和身体状态有关,然而最主要的是受认知因素的影响。积极的思维和面对内外环境变化的理智态度是保持情绪稳定的关键因素。参加比赛需要一定的心理紧张、兴奋、情绪激动,以便把肌体各组织、器官、系统动员起来,特别是要提高中枢神经系统的兴奋性,以便动员人体潜在的能量,在比赛中创造出好成绩。比赛千变万化,不仅要消耗大量体力,同时也要消耗巨大的心理能量,参加比赛必须具备充足的心理能量并处在最佳心理状态下。但是,如果身体疲劳、恢复不好、睡眠不足、压力过大、害怕对手、担心失败、对成绩期望过高等情况存在,都会造成过度紧张,使大脑皮层对植物性神经系统和皮层下中枢的调节活动减弱,表现出呼吸短促、心跳加快、心理活动失常,甚至失去控制自己行动的能力,必然影响到比赛结果。

不良心理状态主要表现在:

(1)情绪激动。快获胜或遇到机会球不够冷静,总想一击得分,呼吸短促,心跳加快,动作变形,不能很好控制动作,易使击球失去威力或直接失误。

(2)情绪消极。偶尔的失误,比如常见的预判失误,脚步移动、击球点、路线、落点控制不够精准而失分,就否定自己、气馁、缺乏斗志,影响随后的击球质量。

(3)过分紧张。紧张是指对威胁性的、不愉快的或未预料到的因素做出的情绪反应。表现为心跳加快、血管收缩、手足无措、颤抖症状,以致难以正确处理问题。在比赛中,想赢怕输,给自己不恰当的压力,造成过分紧张,容易出现判断和击球失误。

(4)心理胆怯。遇强手没信心,没拼劲,动作僵硬,四肢绵软无力,意识能力下降,技术、战术发挥失常。

(5)心理焦虑。焦虑是在一定的情景激发下,受个体认知、评价能力与其他身心因素所制约,以担忧为基本特征,以防御或逃避为行为方式,通过不同程度的情绪性反应所表现出来的一种心理状态。表现在害怕比赛成绩不好,被老师批评、同学笑话,思想上背包袱,打得拘谨放不

开,发挥不出应有的水平。

(6)盲目自信。遇弱手轻敌放松,结果先赢后输;或满怀信心,求胜心切,却对比赛对手的技术特点及战术变化缺乏全面了解,高估自身实力,一旦受挫,无所适从。

二、普通网球爱好者参加网球比赛心理调控方法

普通网球爱好者参加网球比赛是为了提高技术、战术运用能力,促进交流与合作,娱乐身心,养成良好的运动习惯,培养正确的竞争意识和合作精神。为了提高技术、战术水平,获得最佳比赛状态,取得优异成绩,要把对心理的调控贯穿到平时教学与练习中,使普通网球爱好者了解心理调控的目的、任务、意义等,提高主观能动性。

(一)明确比赛目标,端正比赛动机

科学分析自身情况,确定比赛目标,针对比赛提出合理而切合实际的要求,制定具体任务和措施,做好技术、战术以及心理上的各种准备。做好充分而全面的赛前准备,做到有备而来。教学比赛在体育课中运用较多,目的是检验教学效果,提高技术水平和战术运用能力,提高学生打网球的兴趣,促进同学间的交流与合作。常见的还有班级、校内学院之间的联赛以及不同院校之间的比赛。应该把每次参赛当作锻炼、交流与提高的机会,要摆正心态,稳定情绪。

(二)全面夯实基本功,增强自身实力,树立必胜信心

自信来源于强大的实力,网球运动的技术主要有两种分类方法:一种是按照网球比赛过程的先后次序分为发球、接发球、底线球、截击球、挑高球、高压球等,另一种是将网球技术分为无球技术和有球技术两大类。平时加强这些基本技术的教学和训练。战术主要是球手在比赛中根据规则和网球运动规律、比赛双方的具体情况和临场变化,合理运用个人技术或两人配合所采取的有意识、有组织的行动。平时多参加比赛,增加临场比赛机会,提高战术应变和合理运用技术的能力,积累经验。在平时教学与训练中注重优势的保持,加强薄弱环节,争取全面发展。

(三)科学全面分析掌握客观情况,知己知彼,集中精力

灵活应变,首先应该明确自己在正反手、截击、高压等基本技术和发外角球上网、击底线反手深区等战术打法上的优势和弱点;尽量多了解对手的技术特长和擅长的战术打法,避其锋芒,攻其软肋。同时注意集中精力。如果精力集中,我们会感到有力、自信、放松、协调。比赛中控制自己的视线,不要因为球场周围发生的事态分散注意力;击球时盯住球,甚至努力看清球毛接缝;每次只争夺当前一分球,不受以往得失分和以后可能发生情况的影响,时刻提醒自己专注。最后注意观察对手动作,迅速反应。

(四)积极自我暗示,调整情绪,形成良好的心理状态

运用积极的语言暗示能够有效调控情绪,进行鼓励和自我鞭策。在分与分之间,在交换场地的时候思考下一步的行动。比赛由于受对手发挥、场地条件、观众走动、裁判判罚以及自然条件等众多因素的影响,情绪的稳定需要借助对比赛持续的专注,可以借助分与分之间的间隙,通过捡球和整理球弦及时调整心理状态,将注意力集中在每一次击球中。参加比赛要做到:情绪稳定,学会自我调节,排除干扰,消除紧张情绪;技术、战术运用灵活,及时调整战术打法;善于分析

对手,以长克短;善于思考,保持最佳竞技状态。

当然,普通网球爱好者也应不用太在意失误和输赢,打网球是在玩一种游戏,展示自己的活力。胜败乃兵家常事,有时虽输了,但发挥不错,依然开心。

思考题

1. 网球运动员为什么需具备良好的心理素质?
2. 请分析影响运动员比赛临场心理状态的主要因素。
3. 为什么说心理调控能力在网球比赛中具有重要作用?
4. 如果你参加网球比赛,如何在比赛过程中控制和调节自身的心理变化?
5. 普通网球爱好者参赛不良心理状态主要表现在哪些方面?

第六章　网球比赛

学习目标

1. 了解网球场的线路、不同区域和类型。
2. 了解网球拍、网球线、网球、吸汗带等运动装备的基本知识。
3. 掌握网球比赛的基本规则。
4. 理解网球比赛的裁判法和编排法。
5. 掌握观看比赛的基本礼仪。
6. 了解国际重要的网球组织及主要赛事。

第一节　网球场地

网球场呈长方形，标准的网球场地占地面积应不小于 670 平方米（长 36.6 米，宽 18.3 米），其中有效双打场地的标准尺寸为长 23.77 米，宽 10.97 米，有效单打场地的标准尺寸为长 23.77 米，宽 8.23 米。在每条端线后应留有余地不小于 6.40 米，在每条边线外应留有余地不小于 3.66 米。球网中央低，两端高，把球场横隔为两个区。球场内划分为前场与后场。前场由中线划分为右发球区与左发球区。中线的假想延长线与端线交于中点。中点是长 10 厘米、宽 5 厘米的一段线段。球场除端线宽度为 10 厘米外，其余各线宽度为 5 厘米（见图 6-1-1）。

网球场地按照材料主要分为草地场、红土场、硬地场三种，网球在不同的场地落地时有着不同的球速和弹跳，草地场速度最快，硬地场次之，红土场最慢。

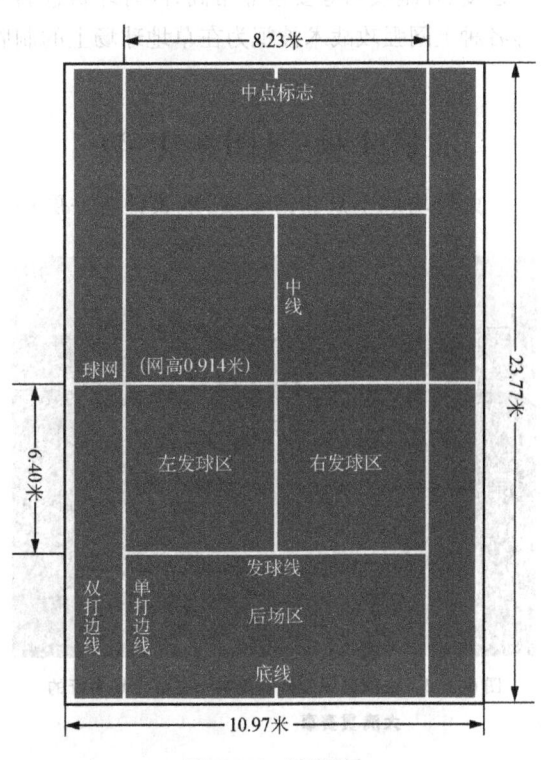

图 6-1-1　场地尺寸

一、草地场

历史最悠久、最具传统意味的一种场地。由于其对草的特质、规格要求极高,而适宜的草籽又不具备良好的适应性,加之气候的限制以及需要极其周到、细致的保养,维护费用昂贵。目前每年的寥寥几个草地职业网球赛事几乎都是在英伦三岛上举行,且时间集中在六七月份。温布尔登锦标赛是其中最古老也最负盛名的一项(见图6-1-2)。

图6-1-2 温布尔登网球公开赛是唯一在草地场举行的大满贯赛事

草地球场的特点是球落地时与地面的摩擦小,球的反弹速度快,对球员的反应度、灵敏度、奔跑速度、奔跑技巧等要求非常高,同时球员也利用这一特点大打"攻势网球",发球上网、随球上网等各种上网强攻战术被视为在草地球场上的制胜法宝。

二、红土场(见图6-1-3)

此种场地不是非常坚硬,地表铺有一层细沙或砖粉末,特点是球落地时与地面有较大的摩擦,球速比较慢,球员在跑动中特别是在急停急回时会有很大的滑动余地,这就决定了球员必须具备比在其他场地上更优良的意志品质和更出色的奔跑、移动能力,否则很难取胜。在这种场地上比赛对球员是极大的考验,考验其在底线相持的功夫。球员一般要付出数倍的汗水及耐心在底线与对手周旋,获胜的往往不是频繁上网者,而是在底线艰苦奋斗的一方。值得一提的是,沙地或土地球场虽然造价比较低,但保养和维护起来却相当麻烦,平时需要浇水、拉平、划线、扫线,雨天过后需要平整、滚压等。

图6-1-3 法国网球公开赛是唯一在红土场举行的大满贯赛事

三、硬地场（见图6-1-4）

这是使用最广泛的一种场地，经常打网球的人非常熟悉。硬地球场被国际网联(ITF)分为慢速、中速、快速三种，我们通常分别称之为色彩型（快速）、减震型（中速）和职业型（慢速）。硬地球场一般由水泥和沥青铺垫而成，其上涂有红、绿等漂亮的涂料或铺有一层高级丙烯酸塑胶面层，表面平整、硬度高，球的弹跳非常有规律但球的反弹速度很快，平时易于清扫和维护。丙烯酸硬地球场适用于各种气候环境，耐紫外线照射，颜色持久不褪，无毒无害，具有极佳的耐磨性能，使用寿命长。目前国内大部分网球场都是丙烯酸硬地球场。

图6-1-4 美国和澳大利亚网球公开赛均是在硬地场举行的大满贯赛事

第二节 网球运动基本装备

网球运动必须要使用网球拍击打网球，并在一定的场地上按照特定的规则进行活动。对于初学者参与网球运动，首先要遇到的就是要了解网球运动装备的基本知识。

一、球拍

（一）球拍的选择（见图6-2-1）

如何选到适合自己使用的网球拍是许多刚参与网球运动的爱好者普遍遇到的问题，拥有一支价格合理、使用感觉良好的球拍是网球爱好者的共同愿望。目前我国市场上的网球拍品牌和种类众多，要选到一支理想的网球拍，你必须了解球拍的一些基本知识。

1. **制作材料**

球拍材料科技的演进经历了木拍→金属拍（铁拍、铝拍）→复合材料（碳纤维、玻璃纤维、克维拉纤

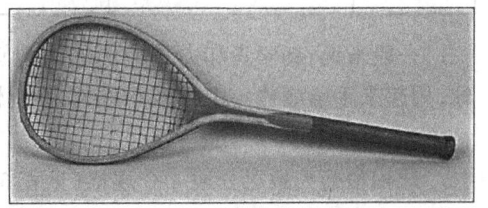

图6-2-1 产于19世纪末的木制网球拍

维、钛)的过程。目前市面上常见的网球拍有铝合金球拍和复合物(玻璃纤维、碳素纤维)球拍之分。由于材料质地的不同,价格也会有较大的不同。一般来说,复合物球拍质量较好,它具有良好的弹性和减震性,不仅手感好,而且有利于降低初学者不规范的发力动作对手臂造成的伤害。复合物材料的网球拍价格相对较贵。而铝合金材料的网球拍手感及避震相对较差,因而价格也相对便宜。

2. 重量

球拍有轻重之分,其重量由字母表示,"L"表示轻型球拍,"LM"表示中轻型球拍,"M"表示中型球拍,"H"表示重型球拍。一般来说,以锻炼身体及娱乐为目的的初学者,可以选择轻一些的网球拍,重量在280—300克的球拍为宜。有一定基础后,为进一步提高网球技术,可以考虑选择相对较重的网球拍,当然这个重量一定是你感觉可以自如挥拍发力的重量,球拍的重量在300—320克。对于初学者,注重击球感觉和对球控制能力的提高至关重要,发力击球并不重要。只是有了一定基础后,对于击球的速度、力量和旋转等方面有了更高的要求后,选择一把重量适当、更有攻击力的球拍是必须的。此时,可以考虑选择重量在320—335克的球拍。在考虑球拍的绝对重量的同时,还要考虑球拍的重心位置。拍头重的拍子有利于击出势大力沉的球,适合在底线击球;拍头轻的拍子挥动灵活,有利于控制球,适合上网截击。初学者最好选择拍头与拍柄重量平衡的球拍,选择时,可用一根手指托住拍颈找它的平衡点,以确定球拍重心的位置。

3. 拍面

20世纪70年代至今的四五十年间,铝、碳等合金技术的运用让拍框材料日新月异,球拍工艺得到了前所未有的飞速发展。技术的支持,使拍面越来越大。那些65—70平方英寸的球拍都统统被淘汰出局。网球拍拍面越来越大,使得打网球变得越来越简单,而且它使休闲型的球手更容易打到球,将球打过球网也变得简单。网球拍依拍面大小基本上可分为四种:①中拍面,穿线面积小于94平方英寸;②中大拍面,穿线面积介于95—104平方英寸;③大拍面,穿线面积大于105—115平方英寸;④超大拍面,穿线面积大于116平方英寸。拍面越大的球拍,其甜区就越大,威力也越大。网球拍的拍面面积由纵线和横线交织成的网面组成,以拍框内缘为准计量。具体可细分为有效面积部分(也称甜点)和支撑有效面积部分。制造网球拍的厂家,一般都用标示方法标注该只网球拍的拍面积,有的还特别注出甜区的面积。从球拍的标识和使用上考虑,我们可从如下的分类中,寻找到我们需要的球拍(见表6-2-1)。

表6-2-1 球拍类型、特点与适用范围

	中拍面	中大拍面	大拍面	其他型
特点	拍框小,甜区小,高磅上弦。	拍框中等,甜区中等。	拍框大,甜区中等,出球范围大。	拍框多样,甜区中等。
适用范围	出球准确、力量集中的职业选手。	力量适中、全面型的选手。	初学选手和青年选手。	有一定训练水平的选手。

一般来说,初学者和力量偏弱的人建议用大拍面球拍,击球面积大,甜区面积大,容易接到球,用起来手感颇佳。中大拍面球拍,适用性较广,从专业选手到业余选手都可以用。

4. 拍柄尺寸

球拍拍柄大致可分成4个规格(见表6-2-2)。

在其他条件相同的情况下,线床越密,与球接触的线就越多,控制力也就越好;线床越疏,线床的形变就越大,包裹就越多,球便越容易产生多旋转。

三、网球

国际网联规定:标准网球用球为白色或黄色,外表毛质均匀,没有缝线(见图6-2-4)。球的直径是6.35—6.67厘米,重量为56.7—58.5克。球的弹力为:从2.54米的高度自由下落时,首次弹跳能在混凝土地面上弹起1.35—1.47米。气温20摄氏度时,如果在球上加压8.165公斤,球应下陷0.56—0.74厘米。有时候你看到有的网球厂家在性能指标上写的弹性为140厘米,就是指2.54米下落时的弹起高度。

图6-2-4 网球

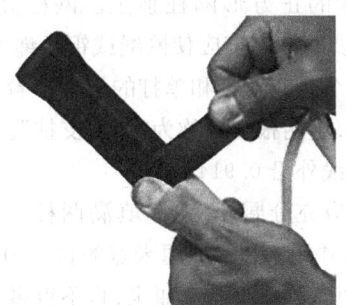

图6-2-5 更换吸汗带

四、吸汗带

拍柄覆盖物也称"手胶"或"吸汗带",主要起到吸汗和防滑的作用。使用拍柄覆盖物也可以起到对拍柄的保护效果,对于部分使用者来说,还可以起到调整舒适度的作用。经过一段时间的使用后,覆盖物可能有破损和异味,需要更换。缠绕的时候,用力要均匀,既不要太松也不要太紧——缠得太松不但不美观,而且容易松脱或褶皱;太紧则会使柄皮变形,同时手感也会太硬(见图6-2-5)。

五、减震器

网球拍减震器是用来减少网球拍击球时所产生的震动,从而保护手腕和减少对手腕的伤害,增强击球持久能力的一种装置。减震器的原理很简单,就是利用自身材料的特性,硬性地降低来球与网球拍之间产生的震动。这样一方面减少了使用者的运动损伤,另一方面增强了挥拍的稳定性,从而变相增强了击球的持久能力。对于网球选手来说,使用避震器可以减少伤害,更易于控制球路。避震粒通常安装在拍面最下侧横弦下面,位于中间的几条竖弦上(见图6-2-6)。

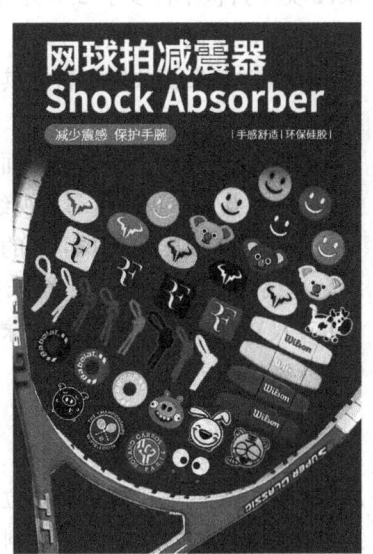

图6-2-6 不同类型的减震器

第三节 网球比赛规则

一、单打规则

1. 球场

球场是一个长方形,长23.77米,宽8.23米。用球网将全场横隔为两个等区,球网悬挂在直径不超过0.8厘米的绳或钢丝绳上,球网两端悬挂在直径不超过15厘米的圆形网柱或边长不超过15厘米的正方形网柱顶上。网柱高不得超过网绳顶部2.5厘米。网柱中心距边线外沿0.914米。网柱高度应使网绳或钢丝绳的顶部距地面1.07米。

当一个兼有双打和单打的场地挂着双打球网用于单打时,球网必须用高度为1.07米的两根支柱支撑,这两根支柱称为"单打支柱"。它的直径或边长不得超过7.5厘米,单打支柱中心距单打场地边线外沿0.914米。

球网应充分展开,完全填满两柱之间的空隙,网孔大小以不让球穿过为准。球网中央高0.914米,并用不超过5厘米宽的白色中心带绷紧束于地面。网顶的绳或钢丝绳要用白色网边布包缝,每边宽不得少于5厘米,也不得多于6.3厘米。

在球网、中心带、网边白布或单打支柱上均不得有广告。

球场两端的界线叫端线。球场两边的界线叫边线。在球网两侧6.40米(21英尺)处的场内各画一条与球网平行的横线叫作发球线。连接两发球线的中点画一条与边线平行的线,线宽5厘米(2英寸)叫作中线,中线与球网成"十"字形,将发球线与边线之间的地面分成4个相等的区域叫作发球区。在端线的中心,向场内画一条10厘米(4英寸)长、5厘米(2英寸)宽的垂直于端线的短线叫作中点。全场除端线可宽至10厘米(4英寸)外,其他各线的宽度均不得超过5厘米(2英寸),也不得少于2.5厘米(1英寸)。全场各区的丈量,除中线外都从各线的外沿计算。所有的线应是同一颜色。

如在球场后面放置广告或其他物品时,则不得使用白色、黄色。任何浅颜色,只有当其不妨碍运动员视线时,方可使用。

如广告放置在位于球场后面的司线员的座椅上,这些广告也不得使用白色或黄色。任何浅颜色,只有当其不妨碍运动员视线时,方可使用。

戴维斯杯或国际网联主办的其他正式锦标赛规定,端线以外至少要有6.40米(21英尺)的空地。边线以外至少要有3.66米(12英尺)的空地。司线员的座椅可安置在球场后面6.40米(21英尺)的空地内,或安置在球场旁边3.6米(12英尺)的空地内,只要座椅凸出该区不超过0.914米(3英尺)即可。

2. 球场固定物

球场固定物包括球网、网柱、单打支柱、绳或钢丝绳、中心带、网边白布,还包括球场周围的挡网、看台、固定的或可移动的座位或座椅及占有人;安置在场地周围上空的设备,以及在各自位置上的裁判员、球童等。所谓"裁判员"包括裁判员和在球场上有权获得一席位,以及被指定协助裁判员临场工作的所有人员。

3. 球

球为白色或黄色,外表毛质均匀,接缝处没有缝线。球的直径是 6.35—6.67 厘米、重量是 56.7—58.5 克。球的弹力为:从 2.54 米的高处自由落下时,能在混凝土地面上弹起 1.35—1.47 米。气温在 20℃ 时,如果在球上加压 8.165 千克时,推进变形应大于 0.56 厘米、小于 0.74 厘米,复原变形应大于 0.89 厘米、小于 1.08 厘米。此二变形值为对球之三轴所施的各试验读数平均值,第二读数不得相差 0.08 厘米。

在海拔 1 219 米以上地方比赛时,可以使用另外两种球。第一种球落地后弹起的高度应大于 121.92 厘米、小于 135 厘米,其他规格同上所述,其球内压力应大于外界压力。这种球通常称为"有压球"。第二种球落地后弹起的高度应大于 135 厘米、小于 147 厘米,其他规格也同上所述,其球内压力几乎和外界压力相同,并且已置于特殊比赛的气压下有 60 天或更长时间。这种球通常称为"零压球"或"无压球"。

4. 球拍

球拍的击球面必须是平的,由弦线上下交替编织或联结组成,其组成格式应完全一致。每条弦线必须与拍框连结,特别是穿线后其中心密度不能小于其他任何区域密度。

弦线不应有附属物或突起物。如有附属物,只限用以限制或防止弦线的磨损振动或分散重力,其大小和布置均应合理。

拍框和拍柄的总长不得超过 81.28 厘米,总宽不得超过 31.75 厘米。拍框内沿总长不得超过 39.37 厘米,总宽不得超过 29.21 厘米。

拍框包括拍柄,不应有附属物成设备。如有附属物或设备,只限用以限制或防止拍和拍柄的磨损、振动或分散重力。任何附属或设备,其大小和布置必须合理。

拍框包括拍柄和弦线,在每一分的比赛期间,不应有任何可使运动员实质上改变其球拍形状或改变其重力分配的设备。

国际网联应裁决某一球拍或其原型是否符合以上规格能否批准它在比赛中使用。这样的裁决可由国际网联提出,也可根据当事人的申请。这些当事人包括运动员、器材制造商、国家的协会或其他的会员。这些裁决与申请应根据国际网联适用的"回顾与听取程序"作出。

5. 场地和发球的选择

场地的选择和在第一局中成为发球员还是接球员的权利,由他们掷币来决定。掷币获胜的一方可以选择或要求对方选择。如果比赛在开始前被推迟或暂停,掷币的结果仍然有效,但运动员可以重新选择发球成场地。选择发球或接发球者,应让对方选择场区。

选择场区者,应让对方选择发球或接发球。

6. 发球

发球员在发球前,应先站在端线后、中点和边线的假定延长线之间的区域里,然后用手将球向空中任何方向抛起,在球接触地面以前用球拍击球(仅能用一只手的运动员,可用球拍将球抛起),球拍与球接触,就算完成球的发送。

7. 脚误

发球员在整个发球动作中,不得通过行走或跑动改变原站的位置,但发球员发球时两脚轻微移动而未变更原位,不算行走或跑动。两脚只准站在端线后、中点和边线的假定延长线之间,不能触及其他区域。

8. 发球员的位置

每局开始发球时,发球员应先从右区端线后发球;得(失)一分后,应换到左区发球。这样每得(失)一分就轮流交换发球位置。如发球位置错误而未察觉,比分仍然有效;一旦察觉,应立即纠正。

9. 发球失误

发球时发生下列任何一种情况,均判失误:发球员违反规则第6、7的任何部分,都为失误。

球抛出后挥拍击球但未击中球。

发出的球,在落地前触及固定物(球网、中心带、网边白布除外)。

10. 发球时间

发球员须待接球员准备好后,才能发球。接球员做还击姿势就算已做准备;如接球员表示尚未准备好,即使所发的球没有落到发球区内,他也不能要求判此球失误。

11. 重发球

下列任何一种情况,应判发球无效,并重发球:

合法的发球触及球网、中心带、网边白布后,仍落到对方发球区内,或发球触及球网、中心带、网边白布后,在落地前触及接球员身体或穿戴物件。

不论发出的球成功还是失败,接球员均未做准备。若重发球,则那次发球不予计算,但原先的发球失误不予取消。

12. 运动员何时交换场地

双方应在每盘的第1、3、5等单数局结束后,以及每盘结束双方局数之和为单数时,交换场地。如一盘结束,双方局数之和为双数,则不交换场地,须等下一盘第一局结束后再进行交换。

如发生差错未按正常顺序交换场地,一经发现,应立即纠正场区,按原来顺序进行比赛。

13. 失分

发生下列任何一种情况,均判失分:在球第二次着地前未能还击过网;还击的球能及对方场区界线以外的地面、固定物成其他物件;还击空中球失败(站在场外击空中球失败也算失分);在比赛进行中,运动员故意用球拍拖带或接住球,或故意用球拍触球超过一次;"活球"期间运动员的身体、球拍(不论是否握在手中)或穿戴的其他物件触及球网、网柱、单打支柱、绳或钢丝绳、中心带、网边白布或对方场区以内的地面;来球尚未过网即在空中还击(过网击球);除握在手中(不论单手或双手)的球拍外,运动员的身体或穿戴的物件触球;抛拍击球;比赛进行中,运动员故意改变其球拍形状。

14. 有效还击

下列任何一种情况,都是有效还击。

球触球网、网柱、单打支柱、绳或钢丝绳、中心带或网边白布后,从网上越过落入对方场区内。

对方发出或还击的球,落到本方有效场区又反弹回去或被风吹回对方场区上空时,本方运动员挥拍过网击球,球落到对方场区内,其身体、衣服或球拍并未触及球网、网柱、单打支柱、绳或钢丝绳、中心带,网边白布或对方场区的地面。

球从网柱或单打支柱以外还击至对方场区(不论还击的球是高于还是低于球网或是触及网柱或单打支柱)。

合法击球后,球拍随球过网。

对方发出或击出的球,碰到本方场区的另一球,而还击的运动员仍能回球到对方场区内。

我们要注意的是:单打比赛后,为了方便起见,可在双打场上另装单打支柱。单打支柱以外的球网、双打网柱、绳或钢丝绳及网边白布等都算固定物,不算单打网柱或球网的一部分。

还击的球如果从单打支柱和双打网柱中间钢丝绳下穿过,并且没有触及钢丝绳、球网或双打

第六章 网球比赛

网柱而落到有效场区以内,算有效还击。

15. **胜一局**

运动员每胜一球得一分,胜第1分计为15,胜第2分计为30,胜第3分计为40,先得4分胜一局。但当双方各得3分时,则为"平分"。"平分"后,一方先得分时,为"该运动员占先"。"占先"后再得一分,才算胜一局;如一方"占先"后,对方又得一分,则仍为"平分"。依此类推,直到一方在"平分"后净胜两分才结束该局。

16. **胜一盘**

一方先胜6局为胜一盘。但遇双方各得5局时,一方必须净胜2局才算胜盘。决胜局计分制如下:

先得7分者为胜该局及该盘。若分数成6平时,比赛需延长到某方净胜两分时止。决胜局应全部采用数字计分制。

该轮及的发球员发第一分球,然后由对方发第二分及第三分球;此后轮流交替发球,每人连发两分球,直到决出该局与该盘的胜负为止。

该轮及的发球员在右区发第一分球后,即改由对方依次在左区和右区发第二、三分球;此后轮流交替发球,每人连发两分球,其中第一分球均应在左区发球。如果出现从错误的半区发球,在发觉前已得的分数均有效,但在发觉后应立即纠正错误的站位。

运动员应在每六分及决胜局结束时交换场地。

17. **球场官员的任务**

比赛时如设裁判员,裁判员的判定就是最后的判定。比赛大会设有裁判长时,如运动员对裁判员涉及有关规定问题的判定有异议,可提请裁判长解决,裁判长的判定就是最后的判定。

比赛中设有司线员等辅助人员时,对于具体发生的事例,他们的判定就是最后的判定。如果裁判员认为是明显误判,他有权纠正辅助人员的判定或指令该分重赛。当辅助人员不能作出判定时,应立即向裁判员示意,由裁判员作出判定。如裁判员对于具体发生的事例不能作出判定时,可指令该分重赛。

在戴维斯杯和其他团体赛中,球场上的裁判长有权更改任何判决,他还可以指示裁判员判该分重赛。裁判长认为天色黑暗或因场地、气候条件不能继续比赛时,可令比赛停止。补赛时双方运动员原有比分和原站方位仍然有效,经裁判长与双方运动员一致同意后,也可重赛。

18. **连续比赛和休息时间**

第1次发球开始,到全场结束,比赛应按下列规定连续进行。

如第1次发球是失误,发球员必须毫不延误地开始第2次发球。

接球员必须按发球员合理的步调进行比赛,当发球员准备发球时,接球员必须准备去接球。

交换场地时,从前一局结束至下一局第1分发球球拍击球时,最多有1分30秒的间歇。

当有外界干扰使比赛无法连续进行时,裁判员可酌情处理。

由国际网联承认的国际巡回比赛和团体赛的组织者,可以决定分与分之间允许间歇的时间,在任何时候,间歇的时间都不得超过25秒。

决不应该为了使运动员恢复体力、调整呼吸而暂停、延误或干扰比赛。虽然如此,但是如因事故而受伤,裁判员可允许一次3分钟的暂停时间。

若某些情况非运动员所能控制,如运动员的服装、鞋等器材(不包括球拍),因处理不当而不能或难以继续比赛时,裁判员可暂停比赛,直到处理好。

当需要和适宜时,裁判员在任何时候都可以暂停或延缓比赛。

男子比赛在第3盘打完之后,女子比赛在第2盘打完之后,双方球员可以有不超过10分钟的休息时间。如果地处北纬15°及南纬15°之间的国家,则以不超过45分为限。此外,当出现球员无法控制的特殊情况时,裁判员有权暂停适当的时间。

如果比赛被暂停至第2天才能恢复,则在第2天打完第3盘之后(女子第2盘之后)才有休息权。第1天未打完的一盘作一盘计算。

如果在同一天内,比赛被暂停超过10分钟,在没有间断的情况下,要再连续打完3盘后(女子比赛打完2盘后)才有休息权。上一盘没有打完的一盘作一盘计算。任何国家和(或)委员会在组织锦标赛、一般比赛时,有权从竞赛规程中变更或取消这一条款,只要在比赛开始前宣布即可。但国际网球锦标赛(戴维斯杯赛和联合会杯赛)除外。

锦标赛的委员会有权决定给运动员做准备活动的时间,但不可超过5分钟并且必须在比赛开始前宣布。

根据运动员违反了比赛应连续进行的原则,裁判员在发出警告后,有权取消犯规运动员的比赛资格。

19. 换新球

假如在规定的局数以后应换新球而未换,则应等到下一轮发球时予以纠正。此后,应按原先规定的两次换球间的局数来更换新球。

二、双打规则

除以下各条规定外,上述规则均适用于双打。

1. 场和球网

双打球场应为10.97米(36英尺)宽,比单打球场边多1.37米(4.5英尺)。两发球线间的单打球场边线为发球区的边线。发球线与端线之间的单打边线,如认为需要,可以取消。

2. 发球次序

应在每盘开始之前,决定发球次序如下:

每盘第1局开始时,由发球方决定由何人首先发球,对方则同样地在第2局开始时决定由何人首先发球。第3局由第1局发球方的另一球员发球。第4局由第2局发球方的另一球员发球。此盘以下各局均按此次序发球。

3. 接发球次序

应在每盘开始之前,决定接球次序如下:

先接球的一方,应在第1局开始时,决定何人先接发球,并在这盘单数局继续先接发球。对方应在第2局开始时,决定何人先接发球,并在这盘双数局继续先接发球。他们的同伴应在每局中轮流接发球。

接球次序错误,发觉后仍按已错误的次序进行,等到下一接球局再行纠正。

4. 发球失误或得分

发出的球,如触及同队队员或其穿戴的物件时都算失误。发出的球,在着地前触及接球员的同伴或其穿戴的物件时,应判发球方得分。

三、经典判例

1. 现场固定物

问：单打比赛在双打场进行，但没有安装单打支柱，双方对打过程中，一个似乎要出界的球打在网柱后落入规定的场区。对此如何判？

答：每位主裁都应在双打场地安装好单打支柱后再进行比赛，所以这种情况不应出现。一旦上述情况的确发生了，根据国际网联规则委员会作出的规定，整个双打网和双打网柱分别做比赛的网和网柱。因此，本例的还击有效。

问：甲发出的球进入规定的区域后弹起并击在某一司线员身上，选手乙要求重赛，理由是球打在司线员身上而妨碍了他还击该球。此时如何裁判？

答：如果司线员在正常的位置上（司线椅或附近，目的是取得最佳的司线位置），则比赛有效，甲得分。如果司线员离开指定位置的目的是躲避来球或其他原因，主裁认为如果司线员在他的正常位置上，选手乙是能够还击来球的，就应判该分重赛。

2. 球

问：选手用球擦额头或胳膊上的汗，使得球变湿，这样做允许吗？

答：不允许。应劝告选手不能有实质上改变球的外形和状态的行为，如他坚持不改，按三级罚分表处罚。

问：球的弹性、外径、变形试验怎样进行？

答：试验法规定如下：除另有规定外，网球试验应在温度摄氏20°（华氏68°），相对湿度约60％的条件下进行。试验前24小时应将球从容器中取出，放在试验要求的温度和湿度的地方。试验应在限定的气压计示度约76厘米（30英寸）汞柱的气压条件下进行。如球赛地点的平均温度、湿度或气压与各自的条件相差甚大时，可使用另定的地域性试验标准。这些调整后的标准，可由任何一个国家网协向国际网联申请。

3. 球拍

问：第一次发球是重发球，这时接球员的拍弦断了，如何判？

答：接球员必须更换拍子。规则允许选手用断弦的拍子打完某一分，但不允许用断弦的拍子开始某一分的比赛（注：第一次发球，拍与球接触或没有击中想要发的球，就是该分比赛的开始时间，重发球除外）。

问：当第一次发球是失误，这时接球员拍弦断了，如何裁判？

答：如果接球员换拍，则这一分发球员仍有二次发球机会。如接球员不换拍，则该发球员还有一次发球机会。

问：选手的最后一把拍弦断了，如何裁判？

答：不允许选手用断弦的拍继续比赛，如由此引起比赛延误，将按三级罚分表处罚。

4. 选择权

问：准备活动期间因下雨暂停比赛，雨停后，选手要求改变原先的挑边选择，可以吗？

答：可以。但只限改变发球与场地的选择。

问：甲赢得挑边权后说："我在那边场地接发球。"乙说："不，我要在那边场地发球。"谁对，如何裁判？

答：乙对。因甲不能既选边又选接发球。

5. 脚误

问：选手在左区发球，站位时右脚踩在中点的假定延长线上，当他抛球后右脚收回到规定的区域线后发出球。如何裁判？

答：这是脚误。因为整个发球过程中选手都应站在规定的区域内（注：发球过程的开始时刻是指发球员站到准备位置的那个时刻，发球过程的结束时刻是指球与拍接触的那个时刻）。

问：发球时，球与拍接触前的瞬间，发球员双脚跳离地面，击球后脚落在场内或场外。是否判脚误？

答：不判脚误。

问：发球时选手的脚悬空摆越端线、中点或边线的假定延长线，在击球前未触及规定区域以外的地面。是否判脚误？

答：不判脚误。

6. 重发球成重赛

问：第二发球，司网报"擦网"；发球线司线员报"出界"，然后又更正是好球。如何裁判？

答：判第二次发球重发。

问：在一分结束后，选手要求该分重赛，因球变软已不适合于比赛用。如何裁判？

答：即使主裁决定必须换球，比分仍有效，因为球软了不是重赛的理由。

问：在双方对打过程中，选手甲将球抓住，声称球软了，不适合比赛用，要求该分重赛。如何裁判？

答：选手甲失分。但此球可以拿走不用。

问：第二次发球时，发球员上抛球准备发球，这时司线员呼报"脚误"。发球员听到呼报后用拍接住球，没有发球。如何裁判？

答：司线员应呼报"纠正"，主裁认为妨碍发球，判发球员有第二次发球。

问：第一次发球失误，发球员展腰准备发第二次球。这时裁判喊"等一下"，因为有一个球滚入场地或有其他干扰发生。如何裁判？

答：如果主裁认为发球员的第二次发球节奏被破坏，应判重赛，有二次发球机会。这里是假定滚入的球是从其他场地而来，不是发球员第一次发球的球并仍在滚动。

7. 失分

问：活球期，球触及网柱上的盖子后进入规定的场区。如何裁判？

答：击球者失分。因对使用网柱盖子的"网柱"来说，其盖子视作区别于网、网柱、单打支柱、绳或钢丝绳、中心带、网边白布的永久固定物。

问：选手拍上的"减振器"脱落，飞入对方场区或触及球网。如何裁判？

答：如果在活球期发生上述情况，该选手失分。"减振器"视作球拍的一部分。

问：一分结束后，选手发现对方球拍的"减振器"落在他的场区内，他要求判对方失分。如何裁判？

答：原比分有效。因主裁没有亲眼看到"减振器"侵入对方场区的过程，也不知是什么时候发生的，故他不能凭想象来判断，只有"活球期"的侵入才构成失分。

问：活球期，选手的脚触及网底的"支撑管子"。如何裁判？

答：在这种情况下，这个"管子"视作网的一部分，如活球期选手触及它，就判其失分。

问：活球期，一选手的脚滑至网下，但未触及球网。如何裁判？

答：只要选手的确未触及球网，就不能判"触网"。然而，这时很可能选手的脚侵入对方场区，如果的确侵入,主裁应呼报"侵入",判对方得分。

8. 选手妨碍对方

问:活球期选手的帽子、毛巾或他口袋里的球落到本方场地。如何裁判?

答:主裁应呼报"重赛",同时要提醒选手如果再次发生此类事情,将判他失分。

问:活球期间选手发出突然喊叫。如何裁判?

答:同上例做法(注:上述二例并不是意味着主裁遇到此类情况都要把第一次视为无意而判重赛,如主裁认为类似的举动是为了干扰对方,可直接判其失分)。

问:发球员用力地发出一球,球进入规定场区,但球拍从他手中滑出,落在他自己一方场地。接球员还击失误后称他受到了对方干扰,要求该分重赛。如何裁判?

答:发球员得分。只有主裁认为接球员的确受到干扰时,才判该分重赛。

9. 球触固定物

问:选手甲击出的球带有很强的下旋,球过网后落在网近处,而后反弹起碰到球网的顶部,但它在空中停留的时间足够选手乙还击该球,球进入甲方规定场区,这期间乙并没有触网,选手甲还击失误。如何裁判?

答:选手乙得分。因规则第23条规定:击出的球,落到对方场区地面后再触及固定物,击球者得分。但这里所指的固定物不包括球网、网柱、单打支柱、绳或钢丝绳、中心带、网边白布,所以乙的还击是有效还击。

10. 有效还击

问:球越过网落下,击中用于室内场地的"支撑管子"。如何裁判?

答:这种情况,"支撑管子"视作场地的一部分,因此球击到它应视作球第一次落地。

问:选手追击一网前球,还击成功,但身体触及单打支柱与网柱之间的网。如何裁判?

答:比赛继续进行。这部分网视作永久固定物。

11. 意外阻碍

问:在第一次发球失误后,有一球从另一场地滚入本场。如何裁判?

答:如果发球员已开始做发球动作,则判第一次发球。其他情况判第二次发球。除非主裁认为由此引起的延误异常的长,不公平地影响了发球员的发球节奏。

问:在第一次发球失误后,单打支柱倒了。如何裁判?

答:主裁应判第一次发球,除非主裁认为重装单打支柱的时间并没有延误发球员第二次发球的节奏。

问:活球期,一位观众喊"出界"。于是某选手停止比赛,声称其受到干扰。如何裁判?

答:已赛完的那一分有效。

12. 胜一盘

问:单打决胜局比赛中,选手甲发了该乙发的那个轮次的第2分球,该分结束后发现了这个错误。如何裁判?

答:比分有效。选手甲接着发正常轮次该他发的那两分球。

13. 临场官员的任务

问:在一场比赛中,如果司线员不足,主裁是否可让选手呼报无人看管的线(如中线)?

答:不可以。如果司线不足,主裁应承担起无人看管线的呼报(含司网)。

问:第一发球打在发球区中线,中线司线员呼报"失误",随后又更正。主裁判发球得分,但接球员不同意,说他已经击到了球,监督或裁判长被请上场。如何裁判?

答：发球员得分。主裁不能因选手申诉而改判。

问：选手甲发球，选手乙还击得分。这时，选手甲向主裁申诉刚才的发球是擦网。主裁说他没听到擦网。选手甲问选手乙是否听到擦网，选手乙说是擦网。听了上述双方都说擦网，主裁说这一分重赛。选手乙反对说擦网应由裁判呼报他认为擦网只是要向选手甲证明裁判误判了。如何裁判？

答：比分有效。主裁不能对选手乙的意见做猜想（注：主裁决定已作出后，就不要通过猜想选手的企图而改变原判定）。

问：某一局第1分第一次发球，司线呼报"失误"，主裁改判为好球，并报分15∶0。这时接球员申诉说他已把球还击回对方场区，因此该分重赛。主裁基于接球员的确还击球的事实，又判该分重赛。发球员向主裁申诉说主裁不能改变自己的决定，要求裁判长上场。如何裁判？

答：这一分重赛。基于接球员的确还击到发球这一事实，主裁原先判发球方得分是错误的。

问：第一次发球，司线员呼报"失误"，主裁改判为好球，并根据他对当时情况的判定，认为接球员不可能击到球，故判发球员得分。接球员申诉说，他本能够还击到球。这时主裁判对他上述的判定吃不准了，又判该分重赛。发球员向主裁申诉说裁判不能因选手的抗议而改判，裁判长被请上场。如何裁判？

答：发球员得分。因主裁判原先关于接球员不可能击到球的判定没有改变，因此也不可能因选手申诉而改变发球员得分的决定。

问：司线员没看清，主裁也没看清而不能判定。如何裁判？

答：重赛。但下面情况除外，一分结束后，主裁才知道对打过程中某一球司线员没能看清，这时已赛完的一分有效。

问：选手甲停止比赛，申诉说选手乙还击的球已经两跳。主裁说没有看到因而不能决定。如何裁判？

答：比分有效。主裁对呼报是第一责任者，司线员是第二责任者，当主裁与司线员不一致时，主裁应即刻作出决定。如果主裁从他第一责任者角度没有看到违例发生，从技术上讲这种违例就不存在。

问：在沙土场上进行双打比赛，第二次发球司线员做好球手势，接球员将球还击过去，但犹豫不决地寻找球印，他同伴横跑过来把球抢打落网。接球员为第二次发球作申诉，并说他是以反弹击球结束比赛的。如何裁判？

答：比分有效。检查球印的要求必须在两位选手都停止比赛后提出方有效。或者在主裁停止该分时提出。

问：沙土场上进行双打比赛，选手乙还击第一次发球，但他的同伴甲申诉"等下"，并走过去找球印。主裁停止了比赛。对方选手向裁判长说选手乙已还击了发球。如何裁判？

答：程序正确。因在甲引起干扰后主裁停止了比赛，如球印是好球，甲、乙方失分，否则进行第二次发球。

问：在沙土场上进行比赛，司线呼报"出界"。选手要求查球印，主裁找不到球印，如何裁判？

答：原来呼报有效。

问：在沙土场上进行比赛，作为主裁改判了一个球，选手不同意并要求查球印，然后主裁自己也觉得改判可能有误。如何裁判？

答：这时主裁要亲自查球印。无论何时球印必须由主裁亲自查，司线员不能查球印，而只能协助主裁找到球印。

14. 连续比赛和休息时间

问：在几个对某选手不利的司线呼报后，选手在换边走向休息椅时对主裁提出："我等到换这组司线后再比赛。"60秒后，主裁宣布："时间到。"选手对主裁说："我不是已经向你提出我要等换这组司线后再比赛吗？"如何裁判？

答：令其比赛。如25秒后不继续，按三级罚分表处罚。

问：一选手的踝部受伤，裁判给他一次伤害事故暂停。5局后，他在踝部同一处又一次受到突然创伤，他再次要求伤害事故暂停。如何裁判？

答：允许再给一次伤害事故暂停。

问：一选手的头部撞在挡网的柱子上，并在场上呕吐，这种情况可以要求因伤害事故而暂停吗？

答：可以。如果他不提暂停要求，主裁应暂停比赛，并叫医生上场。

问：一选手在场上呕吐，尽管场地已适合于比赛，是否还要继续开表计时？

答：是的。因呕吐是由于体力不支，开表计时要到选手表示能继续比赛为止（如果超过25秒选手还不能比赛，应按三级罚分表处罚），这时主裁应暂停比赛，直到清理好场地再恢复比赛。

问：主裁看到某选手身上突然僵住，似乎背部受伤。经检查医生说选手是背部痉挛。如何裁判？

答：给他一次伤害事故暂停。痉挛不是选手体力逐渐消耗的表现，而是由于异常的动作或扭转而突然发生的。

问：一选手踝关节突然受到伤害，主裁确信继续比赛将会造成选手永久性的身体伤害。这种情况下，主裁可以暂停比赛并叫医生上场吗？

答：可以。

问：伤害事故暂停从什么时间开始？

答：当医生到达，做好准备工作能为选手治疗时，开始计时，即医生结束检查或诊断后。如上例，应在医生开始为选手包扎踝部时开始计时（开表）。

问：一选手因脚底打水泡（没有出血）向主裁要求伤害事故暂停，允许吗？

答：允许选手接伤害事故暂停。打水泡（不管出血与否）应认为是伤害事故，但赛前已有的水泡不算。赛前已有的水泡，只有出血了，才能认作是伤害事故。

问：选手的踝关节扭了，医生对他进行了包扎（绷带）。在下一换边局他想重新包扎，可以吗？

答：可以。但必须在90秒内完成，否则将按三级罚分表处罚。

问：一选手受到突然伤害，并要求在换边时接受伤害事故暂停。如果医生在下述两个时间到达，治疗时间分别应按什么程序进行？是在换边时已过30秒，还是在换边60秒后？

答：医生在结束诊断后有3—5分钟治疗时间，一旦主裁宣布时间到，选手应在30秒内继续比赛，否则将按三级罚分表处罚。

主裁应在60秒后停表并暂停比赛，直到医生准备好可以为选手治疗为止，3分钟伤害事故治疗暂停就从这时开始。在主裁宣布时间到后，选手应在30秒内继续比赛，否则将按三级罚分表处罚。

问：受伤后已暂停比赛4分钟等医生上场，医生到达后用了30秒结束治疗。什么时间重新开始比赛？

答：比赛立即开始。

问：上述问题，医生用了2分钟治疗，什么时间重新开始比赛？

答:当选手和医生都认为治疗是满意的,就没有必要非延迟到3分钟。

问:在医生上场前已过8分钟,30秒后医生开始治疗,2分钟后治疗结束。这种情况是否允许重新做准备活动?

答:允许,时间为3分钟。

问:3分钟治疗后,选手还有延误,如何裁判?

答:在主裁宣布时间到后,选手应在25秒内开始比赛(换边时治疗则在30秒内)。对25秒(或30秒)后的任何延误,将按三级罚分表处罚。

问:比赛期间运动员受到伤害事故,但他不想马上以伤害事故暂停,将会有什么情况发生?

答:只能在伤害发生这一刻到下一换边休息结束这段时间内,接受伤害事故治疗。超过这一时限,将失去这次受伤3分钟暂停治疗的机会,而只能在以后换边局的90秒内接受治疗。

问:选手甲因愤恨或厌恶地打球,把该球打在选手乙的脸部,使乙靠近眼睛部位立即肿起,不能再继续比赛。如何裁判?

答:不管选手乙是否能进行下一场比赛,都要取消选手甲的比赛资格。

问:以双数局结束时,选手要求医生在下一换边休息时为他治疗。一局结束并且换边休息90秒已过去,医生还没到,选手要求延长休息时间以便接受治疗,理由是医生未按时来不是他的错。如何裁判?

答:不准延长换边休息时间。虽然选手提出了要求的时间,但需与医生联系,加上医生到场的距离,以及医生可能正忙工作,使得不可能一有治疗要求医生就马上到场。

问:一选手在90秒换边时接受医生治疗,如时间已超过90秒,如何判罚?

答:在主裁宣布"时间到"后,选手必须在30秒内开始比赛,任何延误将按三级罚分表处罚(违反90秒规定等于违反行为准则)。

问:一选手要求并接受了伤害事故暂停,但在进行了诊断后,医生认为这是选手体力不支所致。作为主裁这时应如何裁判?

答:指示医生终止治疗,并令选手开始比赛,任何延误将按三级罚分表处罚。在极少数的情况下,主裁还可判选手违反行为准则中的"非运动员行为"(这里指选手故意骗得受伤暂停)。

问:比赛期间,一选手的膝部支架失调,他要求暂停来修理。如何裁判?

答:允许选手用合理的时间进行修理,并且无处罚。选手穿戴的任何医疗器械均应视作装备一项。

问:比赛中,选手要求暂停,以便整理他的踝部绷带,如何裁判?

答:比赛必须继续进行,绷带失调不能认为是"装备失调"(注:在90秒换边休息时,可叫医生进行处理,但任何延误将按三级罚分表处罚。如选手自己处理而没有医生帮助,由此引起比赛的延误则按"无理延误"条款处罚,即按违反时间规定处罚)。

问:医生可否用手触摸体力不支选手的身体?

答:可以。但仅限于诊断,而不是治疗。

问:一选手的鞋断裂需要更换,但他的第2双鞋在更衣室柜里,如何裁判?

答:暂停比赛,允许他去取。

问:比赛期间,选手说他现在穿的鞋太滑,要求允许离开场地去更衣室换另一双鞋。如何裁判?

答:拒绝此要求。因这不是装备失调。然而,主裁应尽可能采取一切办法,将鞋拿到场地,一旦选手拿到,主裁应给他一段合理的换鞋时间。

第六章 网球比赛

问：换边时选手是否可以得到额外的时间来换袜子或鞋？

答：可以。为了选手能换完袜子或鞋，主裁可以适当延长换边的时间，但这种情况下是不允许选手离开场地的。

问：去厕所应在换边时去，是否也可以在其他时间去？

答：如果主裁认为这是情急，是可以的。但是如这时他上厕所的次数已用完，则按连续比赛的规定，延误比赛将按三级罚分表处罚。

问：3盘2胜制比赛，选手已用过一次上厕所的机会，但他仍提出想在下一换边休息时再去一次厕所。如何裁判？

答：可以。但必须告诉他超过90秒的任何延误将按三级罚分表处罚。额外的上厕所被认为是选手体力不支。

问：比赛暂停，选手去额定的那次厕所，什么时间开表恢复比赛？

答：主裁应在选手回到场地，拿起球拍这一时刻开表，同时宣报"时间到"，这个宣报指示选手继续比赛。

问：双打比赛，甲与乙为同一队，乙已用过一次上厕所机会，但还想在换边时去一次。主裁告诉他必须在90秒内回来，这时选手甲也要求上厕所（第一次要求）。如何裁判？

答：选手乙必须在90秒内回来，否则将按三级罚分表处罚。选手乙在90秒内回来后，主裁应暂停比赛等到选手甲回来后再重新开始比赛（注：遇到这种情况，主裁应明确告诉乙选手必须在90秒内回来，以免被处罚）。

问：比赛期间，选手要求允许他离开场地以便去戴上隐形眼镜。如何裁判？

答：允许选手在换边时离开场地去戴上隐形眼镜，这时场上官员应陪同他一起去。隐形眼镜只在选手戴着的期间才视作是装备，因此在没戴着的时候就不算是装备失调。然而由于光线变化或赛场周围其他环境变化，允许选手戴上隐形眼镜的做法是必要的，也是合适的。

问：选手在换边90秒后没能准备好比赛（不涉及伤害事故），如何裁判？

答：判违反时间准则，并宣报继续比赛。

问：选手在上例所述的情况下又继续延误比赛，并在25秒内没能准备好继续比赛。如何裁判？

答：判选手违反行为准则，并宣报继续比赛（注：违反时间准则加违反25秒规定等于违反行为准则）。

问：一选手被判违反时间准则，他走向主裁提出"为什么"，主裁给予解释并宣布继续比赛。而选手继续与主裁争讨，主裁判他违反行为准则。于是选手向裁判长申诉，不应判他再次违反时间准则罚一分。如何裁判？

答：由于主裁的裁决不涉及比分，所以告诉选手在裁判长到达之前应继续比赛（这样做对对方是公平的）。裁判长到后肯定了主裁的判决（因两次违反时间规定的判罚并不是一前一后中间无关联地给出的，中间有交换场地的间隔）。

问：选手要求解释并得到了一次回答，然后他又提出了另一个问题也得到了回答后。问这样的问题可进行多少次？

答：通常只有两次，否则就无法遵守"继续比赛"这一条款。在两次简明的回答后，主裁应宣布继续比赛，如再因该选手的行为导致比赛不能开始，则判其违反行为准则。

问：比赛中，一戴眼镜的选手由于场上的雾气使其视线受到影响，故要求暂停比赛。如何裁判？

答：比赛继续，是否应暂停比赛由主裁决定，双方选手都应遵循同一暂停比赛的规则，这不管对戴眼镜的一方选手是否有利或不利。

15. 换球

问：某局第1分的发球失误，在选手开始第二次发球时，主裁意识到该换球了，怎么办？

答：暂缓换新球，直到该选手下一发球局再换。但如果第1分的第一次发球是重发球，则可以马上换新球。

问：错把新球给了某选手（或某队）去发，怎么办？

答：如发现错误时第1分已结束，则该选手（或该队）继续用新球发球，应该用新球发球的选手（或队）下一局用新球发球，但是一旦错误持续到下一局的第1分已开始才发现，则下面的换球次序以此为准交替进行（注：在任何情况下，只要发球局已开始，就不能用旧球把新球换下来）。

问：某局结束，因下雨比赛暂停15分钟，正好该局完后换新球，当比赛重新开始换新球时，重新准备活动应用什么样的球？

答：重新准备活动用新球。准备活动结束后，把准备活动用球拿走，换上新球继续比赛。

四、"鹰眼"技术

网球比赛中，球的运行速度之快往往超出肉眼的分辨范围，因此球员和裁判经常在球是否出界的问题上发生争执，而一套被称为"鹰眼"的系统则能很好地解决这个问题。网球比赛中运用鹰眼的意义在于克服人类观察能力上存在的极限和盲区，帮助裁判做出精确公允的判断。

"鹰眼"的正式名称是"即时回放系统"，它的技术原理并不复杂，只是十分精密。这个系统由8个或者10个高速摄像头、四台电脑和大屏幕组成，以及设置在场边高处的高速摄像头。首先，借助电脑的计算把比赛场地内的立体空间分隔成以毫米计算的测量单位；接着，利用高速摄像头从不同角度同时捕捉网球飞行轨迹的基本数据，再通过电脑计算，将这些数据生成三维图像；最后利用即时成像技术，由大屏幕清晰地呈现出网球的运动路线及落点。从数据采集到结果演示，这个过程所耗用的时间，不超过10秒钟。这项技术早在2001年初问世时便获得了英国皇家电视协会颁发的科技革新奖，2003年又因广泛使用于网球转播而获全美电视最高奖艾美奖的"杰出科技贡献奖"。对网球界人士来说，将鹰眼技术引入网球现场判罚是一项具有重大意义的革新，足以与36年前引入"抢七制"相提并论。

其实，鹰眼技术平时在电视转播工作中已被频繁应用。但因为鹰眼技术使用花费的价格昂贵，所以现在的比赛还是以线裁裁决为主，鹰眼技术只是在关键分上才会应用。正因为此，选手们在每一盘皆有两次申请使用鹰眼的权利（如遇到抢七，还可以追加一次）。主裁在接受申请之后，会通过大屏幕播出"即时回放"来呈现鹰眼计算的结果。图6-3-1为击球的回放图像。

图6-3-1 鹰眼系统回放

五、"电子司线"技术

电子线审的前身是鹰眼回放系统(见图 6-3-2),两者最大的区别是,前者可以做到实时判罚,而后者仅能事后判罚,这个所谓的"新朋友"其实就是"鹰眼"系统的升级版。电子司线,粗放点来说就是电子鹰眼的高配版,是一系列摄像头、感应器加一个总控台,除非极少数极端情况,任何出界都难逃法眼。如果立一人设的话,那它是铁面无情判官。作为人工智能技术的一个小应用,电子司线重塑了古老的网球赛事系统,让比赛更加公平、流畅和完整。

图 6-3-2 电子线审执法

2017 年,一向敢于尝试新科技的米兰新生力量总决赛,甘做改革先锋,成为电子司线试验田,全程比赛仅保留主裁,完全取代传统司线。比赛中,一旦球触发了边线、发球线和底线的感应器,电子系统自动呼报"OUT",并且每一次出界球的轨迹都在大屏幕上显示,给观众带来新鲜的观赛体验。2019 年底,疫情不期而至,缩减赛事规模、降低人口密度的防疫要求,客观上加速了电子司线的普及。2020ATP 杯、2020 辛辛那提大师赛、2020 年终总决赛都采用了电子司线,精准及时的判罚,给观众带来了更流畅、更完整的观赛体验。2021 年初,澳网成为最先全部采用电子司线的大满贯赛事。

ATP 和 WTA 对电子司线已经提出明确的要求:除了对球员的发球、回球落点及时判断之外,电子司线系统中还必须附带即时视频回放,如果发球或回球近端线时,电子司线要自动通过大屏幕回放落点,以打消球员及球迷心中的疑虑。

第四节 网球竞赛裁判法

一、网球裁判分工与职责

(一)裁判长

裁判长由竞赛委员会推选,他的名字应由竞赛委员会发布公告通知参加比赛的各个单位,他是由该比赛的组织机构委派的全权代表,负责指挥整个大赛。国际上将裁判长按级别分为金牌裁判长和银牌裁判长,分别担任级别水平不同的比赛工作。国际大型比赛要由金牌裁判长担任,而地区性或较低级别的国际比赛则由银牌裁判长担任。裁判长的主要职责如下。

1. 对竞赛规程、竞赛规则、行为准则、网球规则及由此产生的一切问题,他有权进行解释和处理。
2. 赛前安排必要的裁判学习,使他们能全面了解所适用的一切规则与程序。
3. 指定裁判组长并保证其能正确地履行职责。
4. 安排每场比赛的主裁和司线员。

5. 当有必要改善比赛中的裁判工作时,他可撤换主裁,也可撤换或轮转司线、司网工作。

6. 保证每个球场的球网和网柱都能符合网球规则的要求。

(1) 裁判椅,高度应在1.82—2.44米之间,其中心点位置应距网柱0.914米。若使用麦克风,必须固定安装,须有开关。裁判椅周围不得安装可供公共广播的麦克风。

(2) 司线椅,发球司线员和端线司线员的座椅应安放在其对应线的靠近挡网处的位置,以不妨碍运动员正常比赛为宜,约距边线3.66米,位置不可垫高。有阳光时,尽量背对,无阳光时,面对主裁。中线及边线司线员的座椅,除另有安排,应放置在相应线的假定延长线后方,靠近边挡网,距底线不小于6.4米。

(3) 司网椅,根据比赛的形式,安放在网柱后方或单打支柱侧后方,尽可能地放在主裁对面。

(4) 运动员椅,必须安排在主裁判椅的两侧,且应有遮阳伞。

(5) 场上用品,每场比赛均应提供给运动员水或饮料,并备水杯、毛巾等。同时,应准备能量网和单打支柱的尺。

7. 保证赛场周围的挡网,广告牌和后面的墙壁不能是白色、黄色或其他浅颜色,以免影响运动员的视线。

8. 赛前应召集各参赛队的教练员、领队开会,并通知他们比赛的有关事项(如用何种球、用球数、换球局数、地面条件、何种赛制等)。

9. 在运动员驻地及赛场显著位置设置布告栏以便贴各种通知、战表及成绩公告。

10. 确定参赛选手名单和种子选手名单,准备与抽签相关的各种资料工具。

11. 进行公开性抽签。在相关位置张贴抽签表,以及次日的战表。

12. 以紧接前场的方式或限定开始时间的方式安排每日赛事。

(1) 预选赛,应在正选赛开始前一天全部结束。除因天气或不可避免的因素干扰外,预选赛中运动员在一天内最多安排两场单打。若在一天内赛完一轮以上的预选赛,其比赛顺序应由上至下或由下至上按抽签表顺序进行。

(2) 正选赛,除天气或不可避免的因素外,运动员每天最多安排一场单打,一场双打。除裁判长另有安排,应先安排单打,再打双打。

13. 在前一场因特殊原因提前结束时,裁判长应通过一切合理手段,尽量通知下场比赛的运动员,以免运动员被动弃权。

14. 决定某一场比赛是否更换场地或暂停。若因天气或其他不可避免的因素,导致正在进行中的比赛无法顺利进行,裁判长有权暂停比赛或更换其他场地进行。

15. 在比赛中,裁判长对有违反准则的运动员有权给予处罚,甚至取消其比赛资格。对不利于比赛顺利进行的裁判员,根据实际情况可以进行调整或撤换。

16. 赛前赛后,安排运动员进退场。

17. 比赛期间,运动员对裁判员涉及规则的问题,可请裁判长解决,其判定为最后裁决,裁判长应始终在场,但不可做主裁。

18. 比赛结束后,安排有关人员出成绩册,并宣布比赛名次,向大会主办单位写出书面总结,给每位裁判员写书面鉴定,并与个人总结一起上交主办单位。

(二) 裁判组长

裁判组长是在竞赛委员会推选的裁判员中由裁判长指定的工作能力强、态度认真的、有威信的裁判员。

1. 召集足够、合格的裁判员担任比赛工作。
2. 组织裁判员进行必要的赛前训练,并复习网球规则、竞赛规程和行为准则。
3. 准备一份比赛中所负责的裁判员的名单,并标明各自的级别,交予裁判长。
4. 制定每天裁判员的进场顺序,所做安排须经裁判长同意。
5. 赛前召开碰头会,介绍有关场次的安排和执法程序,如何呼报,裁判手势要求,场地轮转安排等。
6. 评比裁判员的工作表现。
7. 比赛中应随时在场,除裁判长另有安排,不能上场做主裁或司线。
8. 协助裁判长工作。

(三) 裁判员

1. 熟悉网球规则、竞赛规程和行为准则,在比赛中要做到严肃、认真、公正、准确、作风正派、坚持原则。
2. 着装规范、得体。
3. 赛前先于运动员到场,检查场地、各种设施是否符合要求,尽量不与运动员特别是即将比赛的运动员交谈。
4. 上场时必须携带记分表、秒表、笔、量网尺、挑边器等工具。
5. 检查运动员的服装是否符合《行为准则》的要求,对不符合规定的应责令其在 15 分钟内更换,否则取消其比赛资格。在准备活动前,当双方运动员或队长均在场时,主裁判抛掷挑边器,以选择发球权或场地。如在比赛开始前、准备活动期间被暂停,抛掷挑边器的结果仍然有效,但获优先权的运动员有权重新选择。
6. 面对裁判椅,召集运动员进行赛前会议及组织挑边。
7. 确保比赛用的网球充足,另准备一两个旧球。
8. 裁定比赛中一切事实问题。
9. 确保双方运动员及司线员能按规则行事。
10. 对运动员因有关规则所产生的问题而请裁判长的要求应得到允许。
11. 按照国际网联的裁判员职责和程序,在每分结束后要做出判断,面向失分方呼报,必要时要加以手势及正确填写记分表。
12. 对于司线员的误判要及时更改。
13. 在沙土地场比赛时,因运动员提出界内外问题发生争议时,有义务责令司线员或亲自检查球印。
14. 尽力维持赛场秩序并负责引导球童,以利于运动员正常比赛。
15. 用手中的秒表随时控制比赛正常运行。包括准备活动,分与分之间 20 秒的间隙,交换场地时的 90 秒以及规则条款中所规定的任何其他特定时间。
16. 换球前,应适当提前开启球筒,并做充分检查,以免因换球而延误比赛。
17. 在比赛中,因种种原因造成比赛中断时,要收集比赛用球以确保其是重新比赛的用球,并且要记录发球员的姓名、场上的球员位置、中止时间及分局、盘等比分。
18. 比赛结束后,要立刻离开球场,认真正确填写完记分表,并交给裁判长。
19. 若有运动员违反《行为规则》,要向裁判长汇报,仔细认真填写违反行为准则罚款表,并交予裁判长。

(四) 司线员

司线(网)员是由竞赛委员会推选具备一定级别的裁判员,在大型比赛中是不可缺少的。司线员的编制有11人制、7人制、6人制、5人制等。司线员在场上的位置是固定不变的。边线和中线司线员应在端线后6.10米的地方就座或站立;端线和发球线司线员应在边线后3.70米的地方就座或站立。具体工作职责如下:

1. 与其他司线员一起身着比赛统一规定的司线员服装。司线员不可身穿影响运动员视力的白色、黄色或其他浅色的服装。

2. 赛前准时到场。

3. 选择视角最好的位置,观察自己所司之线。如果视线被运动员遮挡,应适当地进行移位调整。

4. 完成所负责之线的呼报,面对自己职责之外其他司线员或主裁的判定不作任何评论。

5. 如遇运动员阻碍视线而未看见球的落点,应立即作出未看见的手势。

6. 意识到自己的误判时,要立刻进行更正。

7. 若主裁改判你的判定,应遵从,不应与其对抗。当运动员问及呼报和改判时,应不予回答,将问题交给主裁解决。

8. 负责底线、发球中线、边线时应负责呼报脚误。

9. 当主裁判未看见运动员违反《行为规则》时,应在不影响比赛的情况下向主裁判报告。

10. 不要为运动员拾球、递毛巾。

11. 比赛中不与观众交流。

12. 不为运动员鼓掌。

13. 未经主裁同意,不得擅自离场。

14. 保持良好的工作姿态,呼报准确,声音洪亮,手势标准,意思到位。

(五) 裁判的记分方法

1. 赛前工作

(1) 完成计分表上所要求内容的填写,如赛事名称、轮次、项目、赛制、运动员姓名等。

(2) 挑边。在主裁判主持下进行挑边,在赢方运动员下打"√",并在双方运动员选择下面填写"S(发球)"、"R(接发球)"或"E(场地)"。

(3) 时间。记录每盘比赛的叫场时间、开始和结束的时间,以及比赛中断的时间及原因。

(4) 发球位置。根据运动员在场上的站置,按发球顺序将运动员姓名缩写或大写字母写入"发球方"的纵列中。

(5) 换球。在计分表右侧换球处预先做好标记。

2. 赛中工作

(1) 计分。在计分表的表格用斜杠及以下字母计分:

"/"——某一方运动员得分

"."——第一发球失误

"A"——发球直接得分

"D"——发球双误

"C"——违反行为准则

"T"——违反时间准则

(2) 违反行为准则。行为、时间准则的违反应分别在其相应表格中表明。并注明违反行为准则的情况。

3. 赛后工作

比赛结束后,填写获胜方及盘数比分,如 2∶0,决胜局比分应填入括号内,例如 7∶6(7∶4),然后再次核对比分,在主裁判位置签字后送交裁判长。

表 6-4-1　网球比赛计分表

比赛名称		轮次		场地号	时间		
比赛项目		盘数		赛制 □平局决胜制 □决胜盘长盘		人员数量	
						司线	
比赛监督		计分 □平分有占先 □无占先		换球(数量) 　/(　)		司网	
裁判长		主裁判					

比赛					挑边
运动员		国家(单位)		获胜	选择

运动员		国家(单位)		获胜	elect

RESULT

叫场时间	开始时间	结束时间	持续时间		
胜方				分比分	
				平局决胜	

主裁

签名		等级	

决胜局	发球方	局	赛制	双打接球方位置	开始时间		局数	Ball change
			□平局决胜制					
		1						
		2						
		3						
		4						
		5						
		6						
		7						
		8						
		9						
		10						
		11						
		12						
		13	平局决胜制					

增加局数

发球	局	附加分数

比分   盘数 1 2

运动队（员）				结束时间
运动队（员）				

二、信任制比赛规则

国际网联认为,在一些比赛中,不必每场比赛都安排主裁。为了统一标准,制订了运动员参加信任制比赛的一些程序。由于在信任制比赛中会出现许多问题,所以,裁判长或巡场裁判员会尽可能多地围绕比赛场地进行观察,这一点非常重要。

(一)运动员须知

运动员在参加信任制的比赛时必须了解以下基本原则:

1. 每名球员负责以球网为界,对本方半场所有的球进行呼报。
2. 所有的"out"(出界)或"fault"(发球失误)的呼报应该在球落地弹起后迅速做出,声音要响亮,足以让对手听到。
3. 在不确定的情况,球员必须做出有利于对手的呼报。
4. 如果一名球员错误地呼报了"out",然后马上意识到这是一个好球,这一分应该重赛。除非在此前的比赛中此运动员已经有一次错误的"out"呼报,在这种情况下呼报的运动员失分。
5. 发球员应该在每次发球之前报比分,声音要响亮,足以让对手听到。
6. 如果一名运动员对对手的行为或呼报不满意,应该叫裁判长或巡场裁判员到场。

没能公正地遵循这些原则的运动员将按照干扰比赛和违反行为准则中的不良体育道德行为进行处罚。对上述规定有任何疑问,可以向裁判长或赛事监督询问。

(二)巡场裁判员工作程序

在比赛中难免会出现一些问题,所以巡场裁判员在赛场中巡视是非常重要的。运动员都希望在场上出现问题的时候能够方便地找到裁判员。在遇到特殊情况时,巡场裁判员应把握好以下几个方面:

1. 近线球的争议

如果裁判员被叫到场上解决一个近线球的争议,而且裁判员此时没有在观看这场比赛时,此时应询问是哪位运动员做出这个呼报,并且是否确定这个呼报。如果运动员对这个呼报非常确定,则维持他原来的呼报。为了确保后面的比赛顺利进行,巡场裁判员应留在场上观看后面的比赛。这时他应该告诉双方运动员,他将更正场上任何运动员做出的明显错误的呼报。

如果巡场裁判员在场外观看比赛,发现一名运动员做出了一个明显的错误的呼报,他可以到场上告诉这名运动员这个错误的呼报是对对手的一次非故意干扰,要重赛这一分。巡场裁判员还要告诉这名运动员若再做出明显的错误的呼报将被认为是故意干扰并且失分。如果巡场裁判员确信运动员在故意做出不正确的呼报,还可以同时给予一个违反行为准则中不良体育道德的警告。巡场裁判员必须注意避免在没有被要求或必要时过多地干预比赛,或在近线球的呼报错误时使用违反行为准则的处罚。作为一个原则,巡场裁判员在给予违反行为准则的处罚前,必须确信被罚运动员所做出的是一个非常恶劣的呼报。

2. 比分的争议

如果巡场裁判员被叫到场上解决一个比分的争议,应该先讨论确认双方运动员都承认的相关分数和局数,所有双方运动员都认同的比分和局数维持原来结果,只有有争议的比分重赛。当局分出现争议时,适用同样的原则。

在解决完任何分数争议后,巡场裁判员都必须强调这个规定:发球员在每次发球前要呼报比分,声音要足以让对手听清楚。

3. 其他规定

还有一些其他规定用于解决信任制比赛中的困难问题。当发生一些有关重赛、两跳和击球失误的争议时,巡场裁判员要尽量向运动员问清楚具体情况和做出这个呼报的证明依据,或者在运动员认为合适的情况下重赛。

脚误只能由巡场裁判员呼报,而不能是对手。但是,只有在场上的当职裁判员才可以呼报脚误,场外的裁判员不能做出脚误的呼报。

场外指导及其他违反行为准则和时间准则的判罚只能由巡场裁判员做出,所以,需要有一名裁判员观察运动员和教练员的行为是特别重要的。在适用违反行为准则的处罚时,裁判员应马上到场上简要地告诉当事运动员对其已经给予处罚。

巡场裁判员做出的决定是最终的决定。对于没有公正地遵守这些规定的运动员,可以依照行为准则中不良体育道德这一款进行处罚,但是这种处罚要在事实非常清楚的时候才可使用。

第五节 网球竞赛编排方法

一、网球比赛常用编排方法

网球基本上以单项比赛为主,国际上除了戴维斯杯、联合会杯等几个团体赛事外,基本上都是以个人形式参加的单项赛。当运动员人数多,比赛场地少,但又需要在短时间内决出冠亚军,单淘汰制是常采用的方式。

(一)单淘汰制

在比赛中失败一次即失去比赛资格的方法称为单淘汰制。单淘汰比赛对参赛球员力求胜利起着积极促进作用。在比赛过程中,水平高的球员不断进入下一轮,比赛也逐渐形成高潮。这种方法可在参赛球员多、场地少、时间短的情况下采用。不足之处在于球员参赛场次少,得到的锻炼机会不够,球员获胜的偶然性较大,合理性差。

单淘汰制是将参赛选手(队)编成一定的比赛程序,由相邻的选手(队)进行比赛,负者淘汰,胜者晋升下一级的比赛。这种比赛方式在网球竞赛中被普遍采用。

1. 轮空位安排

当参加比赛的运动员人数是2、4、8、16、32、64、128等2的乘方时,可分别按其相应的人数进行捉对比赛,若人数不是2的乘方时,则第一轮比赛中有选手轮空,计算方法是:选择最接近参赛人数且大于参赛人数的2的乘方数作为号码位置数,然后用号码位置数减去参加比赛的人数后,所得的数即为轮空数。如果有27名运动员参赛,则选32个号码位置数,用32减27为5,所以有5个号码位是轮空的,与这5个号码相遇的选手将为轮空,直接进入第二轮。轮空的位置安放原则是优先种子选手,没有种子选手的区域通过抽签来决定,若轮空数为单数时,上半区要多放一个轮空位置。

2. 种子确定及安排

为了确保水平较高的选手不会过早相遇,要根据运动员的排名把他们设为种子选手,合理地排入不同的区内,这样增加了比赛合理性。具体种子数确定如下。

种子的号码位置与抽签:16 名运动员抽签,有 2 名种子时,1 号种子安置在 1 号位上,2 号安置在 16 号位上。32 名运动员抽签,有 4 名种子时,第 1 号种子在 1 号位上,2 号种子在 32 号位上;第 3、4 号种子抽签决定第 9 和 24 号位子。64 名运动员抽签,有 8 名种子时,第 1、2 号种子安置在第 1 和 64 号位上,第 3、4 号种子抽签决定安置在第 17 和 48 号位上;第 5、6、7、8 号种子抽签决定在 9、56、25 与 40 号位上。法网、温网这样高级别的赛事中,单打比赛规模就是 128 个选手,双打比赛为 68 对选手。

3. 非种子的号码位置与抽签

抽签应先抽种子选手,后抽非种子选手,一旦将种子选手填写在位置上,并注明哪些号码位置代表轮空时,即可进行非种子抽签。此时,可将所有剩余运动员姓名,凭抽签的顺序,经抽签后填入剩下来的空位上。

采取上述抽签程序后,如出现同一个队的运动员,同一国家或同一地区的运动员被抽入同 1/4 区时,竞赛委员会有权决定,将同单位第二名运动员安置在下一个 1/4 区的相同的有关位置上。

4. 轮数及场数的计算

轮数为参赛队(人)为 2 的几次方,则为几轮。若 16 人,则为 2 的 4 次方,则有 4 轮。若有 17 人则应根据网球竞赛编排不安排抢号的原则,则有 5 轮(第一轮只有一场球)。标准的网球赛事都是单淘汰制,每进行一场(一轮)比赛,就只有一半的选手能够继续参加下一场。这里的一场,就是一轮。如果参加"大满贯"比赛可以打到第七轮,那一定是进入最后令人羡慕的两人对决,决出最后登顶的胜利者。比赛的场数为参赛人数减 1,如只有 16 支球队比赛,合计比赛场数为 15。

(二) 单循环制

单循环制是每个参加队(人)之间都要比赛,通过积分来决定名次的比赛方式。在报名队(人)数少且场地又多、日期又长的情况下,可以用此法。特点是:合理,且能参加更多的比赛,积累经验。每个对手均出场比一次为"一轮",且每轮的次数是相同的。

1. 轮数和比赛场数的计算

(1) 轮数计算

队(人)数为双数时,轮数等于队(人)数减 1;

队(人)数为单数时,轮数等于队(人)数。

(2) 比赛场数的计算

$$比赛场数 = N(N-1)/2 \quad (N \text{ 代表队数或人数})$$

计算轮数和比赛场数的意义在于,它能使比赛组织者能够在筹备比赛时,根据场地数量,再计算出比赛轮数和场数,从而估算出比赛需要多少天打完,以及需要多少裁判员。

2. 比赛顺序的确定

一般采用逆时针转轮法,即把 1 号固定不动,第一轮是把参赛队(人)数前一半依次按由上至下安排在左侧,再把后一半由下至上依次安排在右侧,并把左右对应的号连接,就是第一轮对阵的形式。第二轮时,1 号固定不动其他号码逆时针旋转一位,又产生新的对阵形式,以此类推,即可排出其他各轮的对阵形式。

例如有 8 个队参加,比赛顺序如下:

第一轮	第二轮	第三轮	第四轮	第五轮	第六轮	第七轮
1—8	1—7	1—6	1—5	1—4	1—3	1—2
2—7	8—6	7—5	6—4	5—3	4—2	3—8
3—6	2—5	8—4	7—3	6—2	5—8	4—7
4—5	3—4	2—3	8—2	7—8	6—7	5—6

若是 7 个队,则把 8 号换成 0,以代表与其对阵的队(人)该轮空转。

3. 名次确定

单循环以获胜场数多少排名,若两队(人)获胜场数相等,则按两者之间的胜负关系排定。若三者或三者以上获胜场次相等,则按下列条款依次排定:

(1) 该队(人)在本次比赛中全部比赛的获胜盘的百分比;
(2) 该队(人)在本次比赛中全部比赛的获胜局的百分比;
(3) 该队(人)在本次比赛中全部比赛的获胜分的百分比;
(4) 抽签决定。

第六节 观看网球比赛的礼仪

网球是一项高雅的运动项目,比赛时,运动员的注意力始终必须保持高度集中,而观众发出的噪声则会使他们分心,影响运动员的水平发挥。观众作为网球比赛的一员,也要遵守比赛场上的规则,尊重比赛,尊重对手,才是一名优秀的观众所要具备的精神。

一、提前入场,保持安静

比赛开始前,提前进入球场,找好座位入座,静候比赛的开始。如果比赛已经开始,可在第 3、5、7 单局比赛结束换边时,由引导员帮助尽快入座。比赛中观众保持安静,特别是发球时,切忌随意走动,以免分散选手的注意力,影响他们的发挥。

二、手机静音,关闭闪光灯

比赛之前应该把手机关掉或调至振动状态。拍照或录视频时,不使用闪光灯。

三、鼓掌时机恰当,文明观赛

当球员双方打出精彩好球时,观众可以发出一些赞叹的声音,但此时不宜鼓掌,只有在这一分结束时,才能报以热烈掌声(见图 6-6-1)。心怀宽容友善之心,不在选手失误时喝倒彩。

第六章 网球比赛

图 6-6-1 掌握鼓掌时间

四、正确处理"飞来横球"

比赛中,当捡到球员打飞的球后,应在一分结束时将球扔入场内,不可在比赛进行时将球扔入场内或占为己有。比赛结束后,选手打向看台的球可以带走,留作纪念。

五、正确索要签名或请求合影(见图 6-6-2)

球迷索要签名或合影时要充分考虑选手们的心理感受,在比赛即将开始前的一段时间里,许多球员都会专注于比赛而婉拒签名或合影。在比赛结束后,不去打扰输掉比赛的一方,这也是对他们的一种尊重。

图 6-6-2 正确索要签名

第七节 国际网球组织及主要赛事介绍

一、国际网球联合会(ITF)举办赛事

国际网球联合会(International Tennis Federation,简称ITF),成立于1913年3月1日,是成立最早的国际网球组织,总部设在英国伦敦(见图6-7-1)。中国网球协会于1980年被接纳为该组织的正式会员。国际网球联合会是世界网球组织的最高权力机构。其宗旨是:促进网球运动的普及;加强各国网球协会之间的友谊;监督在比赛中遵守联合会的规则,维护国际网联的独立性。

1923年,ITF将澳大利亚网球公开赛、法国网球公开赛、温布尔登网球公开赛和美国网球公开赛定为四大世界性公开赛,俗称四大满贯赛。由ITF主办的四大满贯网球赛事,级别最高,奖金总额超过5 000万美金,冠军可以获得2 000排名积分。

图6-7-1 国际网球联合会图标

图6-7-2 澳大利亚网球公开赛图标

(一) 澳大利亚网球公开赛(Australian Open)

澳大利亚网球公开赛始创于1905年,是四大公开赛中最迟创建的赛事,但是每年却最早开赛,于1月底至2月初在墨尔本举行(见图6-7-2)。男子始于1905年,女子始于1922年,刚开始是使用草地网球场,到1988年才改为硬地网球场。1968年,国际网球职业化后它被列为四大公开赛之一。打法全面的选手在硬地上比赛最占优势。但是墨尔本酷热气候使球员体力消耗大,发挥不稳定,影响比赛的走势。

(二) 法国网球公开赛(French Open)

图6-7-3 法国网球公开赛图标

法国网球公开赛始创于1891年,比温布尔登网球锦标赛晚14年,通常在每年的5月至6月举行(见图6-7-3)。法国网球公开赛开始只限于本国人参加,1925年以后对外开放,成为公开赛。法国网球公开赛的场地设在巴黎西部的罗兰加洛斯的大型体育场内,球场属慢速红土球场,每场比赛采用5盘3胜淘汰制,一场比赛打上4个小时是习以为常的事。在这样的球场要获取优胜是不易的,球员要有超人的技术和惊人的毅力。

（三）温布尔登网球锦标赛（Wimblendon Tennis Champions）

温布尔登网球锦标赛也称"全英草地网球锦标赛"，创办于1877年7月，是现代网球史上最早举办的比赛（见图6-7-4）。每年6月底至7月初举行比赛。这项网球赛初创时只有男子单打一个项目，1879年增设男子双打，1884年始有女子单打，以后又增加了女子双打，到1913年又最后增设了男女混合双打。温布尔登网球锦标赛初始只限英国人参加，1901年起允许英联邦各国派代表参加比赛，从1905年开始扩大为国际性的球赛。

图6-7-4 温布尔登网球锦标赛图标

（四）美国网球公开赛（U.S. Open）

美国网球公开赛，其历史仅次于温布尔登网球锦标赛，它始创于1881年，为硬地场地。美国公开赛的首届比赛，于1881年在罗得岛新港举行，当时只是国内赛事，而且只有男子单打。以后每年一届。女子比赛始于1887年（见图6-7-5）。每年的8月底至9月初，在美国纽约举行比赛。1968年被列为四大公开赛之一，设有5个单项的比赛，是每年四大公开赛中最后举行的大赛。美国网球公开赛在"四大网球赛"中，以奖金最多而闻名，2009年奖金总额高达2 160多万美元，其中男、女单打冠军奖金也破纪录地达到160万美元。

图6-7-5 美国网球公开赛图标

二、国际男子职业网球协会（ATP）举办赛事

国际男子职业网球协会（Association of Tennis Professionals，ATP）是世界男子职业网球选手的"自治"组织机构（见图6-7-6）。1972年成立于美国公开赛之时，总部设在美国的佛罗里达。其主要任务是协调男子职业运动员和赛事之间的伙伴关系，并负责组织和管理职业选手的积分、排名、奖金分配，制定比赛规则以及给予或取消选手的参赛资格等工作。ATP共设置5类赛事，即ATP年终总决赛、ATP1000赛、ATP500赛、ATP250赛、ATP挑战赛。

（一）世界巡回赛总决赛

ATP世界巡回赛总决赛（ATP World Tour Finals），旧称网球大师杯赛，是一项网球锦标赛，在每年的年底举行，参赛者是当年男子网球ATP冠军排名前八的选手。但是根据世界巡回赛总决赛的规则，在ATP冠军排名第八位的选手并不一定能有资格参赛。如果一名选手是当年四大满贯赛事冠军之一且排名在前20名以内（但排名在第八名以外），那他就可取代排名第八的选手进入大师杯赛，但如果超过一名球员符合上述条件，以冠军排名较高者为优先。

图6-7-6 职业网球联合会图标

(二) ATP1000 赛

ATP1000 赛事是 ATP 主办的仅次于大满贯级别的赛事,冠军可以获得 1 000 的排名积分,全年共设 9 站 ATP1000 赛事(见表 6-7-1),其中室外硬地赛事 5 站、室内硬地赛事 1 站、红土赛事 3 站。分别是印第安维尔斯站、迈阿密站、蒙特卡洛站、马德里站、罗马站、蒙特利尔站、辛辛那提站、上海站、巴黎站,上海是亚洲唯一的一站 ATP1000 赛事。

表 6-7-1 九站 ATP1000 赛事

赛事名称	举办地点	赛事签位	举办时间	创办时间	场地类型
印第安维尔斯大师赛	美国加州印地安纳威尔斯	单打 96 签 双打 32 签	3 月	1976	室外硬地
迈阿密大师赛	美国迈阿密		3—4 月	1985	
蒙特卡洛大师赛	摩纳哥蒙特卡罗	男单 56 签位 男双 28 签位	4 月	1897	红土
马德里大师赛	德国汉堡	单打 96 签 双打 32 签	4—5 月	2002	
罗马大师赛	意大利罗马		5 月	1930	
罗杰斯杯	加拿大多伦多和交替蒙特利尔	男单 56 签位 男双 28 签位	8 月	1881	室外硬地
西南公开赛	美国辛辛纳提		8 月	1899	
上海大师赛	中国上海	单打 96 签 双打 32 签	10 月	2009	
巴黎大师赛	法国巴黎	男单 56 签位 男双 28 签位	10—11 月	1968	室内硬地

引自:https://baike.baidu.com/item/ATP1000/63130772?fromModule=lemma_inlink。

(三) ATP500 赛

ATP 全年共设 13 站 ATP500 赛事,其中硬地赛事 9 站、红土赛事 2 站、草地赛事 2 站,冠军可以获得 500 的积分,主要举办地有鹿特丹、里约热内卢、迪拜、阿卡普尔科、巴塞罗那、伦敦、华盛顿、维也纳,国内的 ATP500 是北京举办的中国网球公开赛。

(四) ATP250 赛

2023 年,ATP 全年共设 38 站 ATP250 赛事,其中室外硬地赛事 11 站、室内硬地赛事 8 站、红土赛事 14 站、草地赛事 5 站。冠军获得 250 的积分奖励,详细数据 ATP 官方会在每个季度更新,包括阿德莱德站、浦那站、奥克兰站、阿德莱德站、达拉斯站、科尔多瓦站、蒙彼利埃站、德尔雷海滩站、布宜诺斯艾利斯站、多哈站、马赛站、圣地亚哥站、休斯敦站、马拉喀什站、慕尼黑站、埃斯托里尔站、巴尼亚卢卡站、日内瓦站、里昂站、斯图加特站、斯海尔托亨博斯站、马略卡站、伊斯特本站、纽波特站、格施塔德站、巴斯塔德站、亚特兰大站、乌马格站、洛斯卡沃斯站、基茨比厄尔站、温斯顿-塞勒姆站、成都站、珠海站、阿斯塔纳站、安特卫普站、斯德哥尔摩站梅斯站。国内的 ATP250 是珠海站和成都站。

三、国际女子网球协会(WTA)

国际女子网球协会(Women's Tennis Association, WTA)成立于 1973 年,球员总部设在美

国佛里达州的圣彼德斯堡,WTA 的工作主要是代表女性球员的利益,保证全世界范围内的球员都有机会能够参加各项赛事,同时负责协调赞助商、赛事主办方之间的关系,推动网球运动的发展(见图 6-7-7)。

2021 赛季开始,WTA 将赛事分类为 WTA1000(包括此前的强制顶级赛和超五顶级赛)、WTA500(此前的顶级赛)、WTA250(此前的国际赛)和 WTA125(此前的 125 K 系列赛)。更新后的命名规则并不与积分或奖金挂钩,只是定义 WTA 赛事级别。

图 6-7-7 国际女子网球协会图标

(一) WTA 年终总决赛介绍

WTA 年终总决赛诞生于 1972 年,是女子网坛最顶尖水平的赛事。刚开始时 WTA 总决赛采取 16 人的淘汰赛制,但从 1977 年起改为 8 人的小组循环赛制。进入 90 年代后曾经再度改为淘汰赛制,直到 2003 年这项横跨欧美大陆的赛事又恢复到了类似于大师杯的小组循环赛制。

(二) WTA1000 赛(见表 6-7-2)

WTA1000 赛设置于 2021 年,起源于原 WTA 皇冠明珠赛及 WTA 超五巡回赛。2024 年全年共设 10 站,分别是卡塔尔网球公开赛、迪拜网球锦标赛、巴黎银行公开赛站、迈阿密大师赛、马德里大师赛、罗杰斯杯、中国网球公开赛、武汉网球公开赛。

表 6-7-2 九站 WTA1000 赛事

赛事名称	举办地点	签位	举办时间	创办时间	场地	冠军积分
卡塔尔网球公开赛	多哈	女单 64 签位 女双 32 签位	2 月	1993 年	硬地	900
迪拜网球锦标赛	迪拜					
巴黎银行公开赛	印第安纳维尔斯	女单 128 签位 女双 32 签位	3 月	1976 年	硬地	1 000
迈阿密大师赛	迈阿密			1985 年		
马德里大师赛	马德里	未公布	4—5 月	2009 年	红土	1 000
罗马大师赛	罗马		5 月	1930 年		
罗杰斯杯	蒙特利尔和多伦多交替		8 月	1892 年	硬地	900
西南公开赛	俄亥俄州		8 月	1899 年		
中国网球公开赛	北京		9—10 月	2004 年		1 000
武汉网球公开赛	武汉		10 月	2014 年	硬地	900

引自:https://baike.baidu.com/item/WTA1000/62714661?fr=ge_ala。

(三) WTA500 赛

WTA 全年共设 12 站 WTA500 赛事。阿德莱德 1 站、阿德莱德 2 站、阿布扎比站、多哈 & 迪拜站、查尔斯顿站、斯图加特站、柏林站、伊斯特本站、华盛顿站、圣迭戈站、东京站、郑州站。

(四) WTA250 赛

全年共设 29 站 WTA250 赛事,其中硬地赛事 17 站、红土赛事 8 站、草地赛事 4 站。包括奥克兰站、霍巴特站、里昂站、华欣站、林茨站、梅里达站、奥斯汀站、蒙特雷站、波哥大站、斯特拉斯堡站、拉巴特站、斯海尔托亨博斯站、诺丁汉站、伯明翰站、巴特洪堡站、布达佩斯站、巴勒莫站、汉堡站、华沙站、洛桑站、布拉格站、克利夫兰站、大阪站、广州站、宁波站、首尔站、香港站、南昌站、莫纳斯提尔站。

思考题

1. 网球场地主要有哪些类型，特点是什么？
2. 什么情况下，可判定运动员失分？
3. 是否可以通过记分表对一盘比赛进行记录？
4. 请描述一下观看网球比赛的基本礼仪。
5. 单淘汰制和单循环制的特点是什么？
6. 国际网球组织有哪些，他们主办的赛事有哪些？

第七章 网球运动身体素质练习

学习目标

1. 了解身体素质的组成。
2. 基本掌握身体素质中力量、速度、耐力、灵敏和柔韧性的练习方法。

网球运动是一项动作精细、技战术复杂多变、对抗激烈、对身体素质要求很高的对抗性项目。网球运动员的身体素质训练涉及了力量、速度、耐力、柔韧等方面，重点在运动员的反应速度、位移速度、挥臂速度、场上的灵活应变能力、移动耐力以及平衡性等方面的训练。运动员击球时，通过躯干从地面向上有效地传递能量，最后传递到手臂和球拍，再传递到网球上。核心肌肉的强化有助于改善能量传递，从而提高运动速度、敏捷性和击球力量的产生，同时还减少动力链弱点和受伤的可能性。运动员在球场上的比赛时间从1小时到3、4个小时不等。由于球速较快，回合多，运动员必须具备良好的速度、力量和耐力，才能应对长时间的比赛，身体素质也是比赛获胜的重要保障。

第一节 身体素质的构成、作用及训练要求

身体素质是人体活动的一种能力，指人体在运动、劳动与生活中所表现出来的力量、速度、耐力、灵敏及柔韧等人体机能能力。

一、身体素质的构成、作用

（一）力量

它是指整个身体或身体某个部分肌肉在收缩和舒张时所表现出来的能力，是肌肉耐力增长和增加跑速的一个重要因素，有助于灵敏性的发展。力量素质能使自己的各部分肌肉力量和球拍击球的技术合为一体，在球拍与球接触的一刹那，把力量全部变成使球迅速向前飞进的能量。击球力量来源于腿部，经髋、腰及肩传到臂，最后达到手、球拍。不论是抽球、截击，还是挑高球、击高压球都要求全身协调用力。

（二）速度

它是指在单位时间里完成动作的次数或是身体快速位移的能力，可以反映人体中枢神经系

统的机能状态和神经与肌肉的调节机能,也可以综合地反映人体的爆发力、灵敏、反应、柔韧等素质。其表现形式有反应速度、动作速度和位移速度。在网球比赛中,要想在快速而又复杂的比赛中获胜,首先要求运动员必须具备良好的专项速度素质。网球运动所需的专项速度是指运动员完成某个动作的速度,即为打好一个球的脚步移动速度和击球速度。运动员的移动路线可以分为向前、向侧、向后三个部分。如此可以快速、及时在各个位置上回球,获得比赛的主动。

(三) 耐力

它是指人体长时间进行肌肉活动的能力,也称抗疲劳能力。耐力素质体现了肌肉耐力、心肺耐力和全身耐力的综合状况,它与肌肉组织的功能、心肺系统的功能以及身体其他基础系统功能的提高密切相关。耐力的训练能促进心血管系统机能的改善和肌肉耐力的增强。网球比赛,一般要9—10天,一天一场,而且越到比赛的后期越是紧张、激烈,因而对专项耐力素质的训练要求也越高。在以往的大型比赛中,常能看到有些运动员到比赛后期动作迟缓、球速减慢,影响了击球质量,甚至影响了比赛的胜负,因此,应重视发展网球运动员的专项耐力素质。

(四) 灵敏性

它是一种复杂的素质,是人体活动中的综合表现,指人体在复杂多变的条件下,对刺激作出快速、准确的反应,灵活完成动作的能力。灵敏性是一种综合性的能力,需要速度、平衡能力、柔韧性等多种能力要素的共同协调作用才能达到一定的水平。网球运动员只有具备灵敏和协调的身体素质,才能在不断变化的比赛中完成各种复杂的击球动作。

(五) 柔韧性

它是人体各个关节的活动幅度、关节周围组织(跨过关节的韧带、肌腱、肌肉、皮肤及其他组织)的弹性和伸展性的表现,是人体运动时加大动作幅度的能力。它对掌握运动技术、预防受伤的预感性和可能性、保持肌肉的弹性和爆发力、维持身体姿态等方面都具有很重要的意义。柔韧性的好坏,不仅取决于结构方面的特点,而且也取决于神经系统支配骨骼肌的机能状态。网球项目对运动员上肢各关节和下肢各关节的灵活性有着较高的要求,特别是髋、膝和踝关节的灵活性,对提高步法移动能力和各种击球动作有很大的作用。在网球运动中,运动员具有良好的柔韧素质可以提高在比赛中的控球能力,如在发球时,良好的柔韧性可以使弹性势能转化为击球一瞬间的动能,使发出去的球速更快、力量更大。

二、网球身体素质训练要求

(一) 训练内容和方式适合运动员

进行身体素质训练时,要按照循序渐进的原则安排运动负荷,切忌为了追求成绩而盲目地安排超负荷、高强度的训练内容。制定训练身体素质的训练内容和方式时,应在详细掌握运动员的网球基础、身体素质、兴趣爱好、个性特征、学习能力等的基础上,为他们量身定制。

(二) 训练内容和方式融入网球技战术

网球技战术训练和网球身体素质训练并不是相互独立的,而是相互影响、相互促进的。网球专项身体素质训练本质上就是基于网球项目的运动特征而言的,而网球项目的运动特征又是通过网球技战术直接反映出来的。在网球运动员身体素质训练过程中,要将技战术训练内容和方法融入网球运动员身体素质训练中,这样不仅能有效提高网球运动员的专身体素质,而且还能有效提高网球运动员的技战术水平。

(三)训练内容和方式根据训练阶段调整

身体素质是随着训练阶段的变化而不断发展变化的,主要表现为由弱到强。在不同的阶段,要选择合适的训练方法进行身体素质训练,这样才能取得事半功倍的效果。如在一般性准备阶段,要为运动员安排一些耐力训练和力量训练,为后面比赛阶段的身体素质训练打下坚实的基础。

第二节 提高身体素质的方法

一、提高力量素质的方法

网球技术多为爆发性力量动作,只有具备较强肌肉力量才能完成大力发球、抽球和高压球等动作。

(一)下肢力量训练

1. 单腿跳:可做 10 步以上的单腿跳,应尽力跳。
2. 跨步跳:可做 5 步以上的跨步跳,应尽力跳。
3. 在单双打线上,分别单腿左右踩线跳。
4. 立定跳远:10 次 1 组,3 组以上。
5. 负重深蹲:杠铃放在颈后。抬头挺胸直腰,肩胛收缩,将横杠准确放在隆起的斜方肌和三角肌上,两手臂侧抬,双手握杠。5—10 次。
6. 负重半蹲:5—10 次。
7. 负重半蹲跳:8—10 次。
8. 箭步蹲:肩扛杠铃,躯干保持紧张,大腿向前适当跨步,下蹲时膝关节不超过脚尖,下蹲至大腿与地面平行,然后蹲起还原 6—8 次。

(二)上肢力量训练

1. 俯卧撑练习:两手撑的位置靠近腹部,身体保持在一个平面,支撑快起、慢落,身体不要塌腰,每组 10—20 次。
2. 立卧撑练习:成俯卧撑时,身体不要接触地面,撑起的同时收腹站立,其他和俯卧撑要求相同,每组 10—20 次。
3. 举哑铃练习:两脚自然站立,上体正直,挺胸抬头,两臂曲臂快举、慢落。下落时两肩打开,每组 15—30 次。
4. 哑铃扩胸练习:两脚自然站立,上体正直,两臂平举伸直扩胸,身体不要前后晃动,每组

10—20次。

5. 持哑铃曲伸臂练习:两臂同时或交叉进行,上体保持正直,每组20—30次。

6. 杠铃挺举练习:两脚自然开立或与肩同宽,提拉翻腕时,肘关节向前方抬起,挺举时可以并步或跨步挺,每组5—10次。

7. 杠铃抓举练习:两脚与肩同宽,两手握杠宽于肩,提拉同时迅速翻腕,后伸顶肩举起,每组5—10次。

8. 杠铃卧推练习:两手握杠稍宽于肩,推时快起、慢落,每组5—10次。

9. 引体向上练习:双手正握杠,握杠的宽度与肩同宽即可,身体不要左右摆动,每组10—20次。

10. 双杠臂曲伸练习:选择低双杠,练习时身体与地面保持垂直,每组5—10次。

11. 组合器械练习:利用组合器械发展上肢力量练习,根据身体素质情况分组,练习次数保持在10—20次均可。

12. 角力练习:两人一组,分别站在横线后,双方可以推拉,迫使对方失去平衡,如有一方有一只脚离地就算失败,两手交换进行。

13. 前后抛投实心球练习:两人一组,抛球时全身协调用力,注意安全,每组20—40次。

14. 推小车游戏练习:两人一组,推车人不要用力向前推,或左右拖拉,每次练习的距离10—15米。

15. 正手练习:成准备姿势站立。双手持实心球在正手边,用正手挥拍动作将球投出。

16. 反手练习:同正手练习,不同点是反手边。

(三) 发展腰腹力量训练

1. 仰卧起坐:身体仰卧于地垫上,膝部曲成90°左右,脚部平放在地上。根据本身腹肌的力量而决定双手安放的位置。初学者可以把手靠于身体两侧,当适应了或体能改善后,便可以把手交叉贴于胸前。最后,亦可以尝试把手交叉放于头后面。当腹肌把身体向上拉起接近45°,应收紧腹部肌肉并稍作停顿,然后慢慢把身体下降回原位。当背部着地的时候,便可以开始下一个循环的动作。连续做10—15次。

2. 仰卧起坐转体:在正常仰卧起坐的基础上,每一个起来的动作后面加一个转身,要求是将右手手肘过左膝盖,左手手肘过右膝盖。连续做10—15次。

3. 仰卧两头起:平躺于地板或床上,两腿并拢自然伸直,两臂于头后自然伸展。起坐时,两腿两臂同时上举下压,向身体中间靠拢,以胯为轴使身体形成对折,然后恢复原状,再继续做两头起的运动。连续做10—15次。

4. 双手弯曲向前(后)投实心球:双手持球,面对(背对)出球方向,两脚平行或前后站立在投掷线后,膝关节微曲。两手将球举过头顶,用力将球投出。

5. 坐起接球并传出:一名运动员坐于地面,双腿向前伸直,双手向上举过头顶,同伴与其对面而立。站立者将球传给坐着的同伴,同伴顺势后仰,并持球于头上方。运动员在收腹曲体的过程中将球抛给站立者。连续做5—10次。

二、提高速度素质的方法

专项速度素质包括:反应速度、起动速度和各种距离的跑动速度。

(1) 各种姿势后的起跑：如前滚翻和后滚翻后起跑、坐地转身起跑、俯卧和侧卧起跑等，距离10—30米为宜。

(2) 各种活动的快跑：如小步跑、高抬腿跑、行进间用球拍拍球跑，听口令立即起跑。距离5—10米为宜。

(3) 碰线折返跑：从双打边线外开始起跑用手碰最近的线，然后转身跑回开始的位置碰起跑线后再转身向前跑动，依次往返直到触碰完场上所有的线，即双打边线→单打边线→发球中线→另一单打边线→另一双打边线。

(4) 围追堵截：在一块场地中间画两条平行线，相距2米，将参赛者分为人数相等的甲乙两组，面对面分别站在两条线旁，然后在场地两端各画两条终点线，与平行线相距20米。当发令员喊1，两组队员原地不动，发令员喊2，甲组队员迅速追乙组队员，乙组队员立即转身向本方终点线奔去，最后以抓获较多队员为胜方。发令员喊3则乙组反过来追甲组，方法相同。负方应有相应的惩罚。

(5) 30—50米的快速跑练习。

三、提高耐力素质的方法

(1) 长距离跑：3 000米以上的耐力跑。

(2) 变速跑：练习者100米快跑和100米慢跑交替进行，可跑400米以上。

(3) 组合练习：练习者在练习过程中可进行冲刺跑30米，侧步交叉跑30米，高抬腿跑30米，跳起摸高10次，变向跑30米，蛙跳15米等。

(4) 多球训练：在练习过程中，可安排几种学过的技术在网球场上进行训练，要尽量安排跑动范围较大的多球训练，每组练习时间可根据练习难度而定。

四、提高灵敏性素质的方法

网球比赛的击球平均时间10秒以内，所以真正意义的速度灵敏应该在10秒左右。

(1) 快速变向：四个标志盘形成一个正方形，每个标志盘相隔五步。从角上的标志盘开始，先向前跑，再横向跑，然后向后倒退跑和横向跑，手臂配合摆动，回到初始位置，再沿着相反的方向跑一圈。

(2) 十字象限跳：自然站立，两脚并拢，背部挺直，双手叉腰；目视前方，双脚按照一定的顺序连续完成四个格的跳跃。

(3) 敏捷梯：身体横向站立开始，两脚依次踏入小方格内，再依次踏出小方格外。

(4) 对信号做出应变的游戏：根据同伴给出的指令或者动作，做出相应的变化。

(5) 抓球：同伴手持球端平，放手让球自由落体，搭档快速抓球。

五、提高柔韧性素质的方法

一套伸展练习至少应包括对每个主要关节、肌肉部分的牵拉，包括颈、肩、肘、手腕、躯干、腰、胯和踝。

(一)颈部伸展

双腿盘起坐在地上,使下巴触胸;向天上望;向右肩方向侧看;向左肩方向侧看;在保持肩膀低下的情况下,设法用右耳触右肩;重复做左边,每种伸展动作至少要持续10秒。

(二)肩部伸展

1. 内收肌水平牵引:将一只前臂从下钩住另一向前伸直手臂的肘部,向内横向牵引,持续7—10秒钟。

2. 三角肌头上伸展:抬臂伸展,曲肘。用另一手抱住肘部,向内向下牵引直至大臂后侧感到伸展为止。持续7—10秒。

3. 绕臂:双臂自然下垂。首先向前抬右臂,然后上举,掠过右耳,然后向后绕臂,臂放下至一侧。用左臂重复这一动作。

4. 伸曲腕:肘伸直,掌向上,用另一手慢慢地将手腕后伸(伸展)。将手掌向下,并慢慢地将手腕向下伸。这两个练习可达到牵拉手臂前、后部肌肉的目的。

(三)腰腹伸展

1. 上体伸展:双脚分开坐着或站立,两手叉腰,整个身体向左转。然后整个身体向右转。持续7—10秒。

2. 侧体伸展:两脚分开站立。举右臂至头上,左手叉腰,向左侧尽量弯腰。可重复另一侧。持续7—10秒。

3. 腰脊伸展:腹部着地,双手支撑双肩,上肩尽量抬起,骨盆和腿部放松,臀着地。重复3—5次;调换姿势,双脚分开站立,两手叉腰。尽量向后弯腰,保持膝部伸直。向前送髋,腰部应感到伸展。

(四)四头肌拉伸

站立抓住一门柱,将踝关节拉向臀部,确保膝部紧靠大腿内侧。然后将臀部后拉,膝部应对着地面,大腿正面应感到伸展。持续7—10秒。

(五)弓步压腿

用步行姿势站立,一只脚在后并伸直,一只脚在前,曲腿。将全部重心移至前腿,后腿脚跟和地面保持接触,小腿伸直。保持10秒。前后腿交换练习。

(六)大腿内侧拉伸

坐在地板上,脚掌并拢,尽量靠向腹股沟。双膝慢慢地下压,感到大腿内侧的伸展。持续10秒。

思考题

1. 简述网球身体素质的种类。
2. 根据自身特点和不足,设计一套提高力量素质的计划,要求选定力量练习的内容和方法。

3. 根据自身特点和不足,设计一套提高速度素质的计划,要求选定速度练习的内容和方法。

4. 根据自身特点和不足,设计一套提高耐力素质的计划,要求选定耐力练习的内容和方法。

5. 根据自身特点和不足,设计一套提高柔韧性素质的计划,要求选定柔韧性练习的内容和方法。

第八章 网球运动常见损伤与预防

学习目标

1. 了解网球运动损伤产生的原因和常见种类。
2. 掌握网球运动损伤的预防方法。

第一节 网球运动中产生损伤的原因与种类

一、网球运动中产生损伤的原因

随着年龄的增长以及运动强度的增加,运动损伤随之而来。而网球运动损伤涉及身体各个部位,据统计,脚踝、下躯干、膝盖是最容易受伤的部位(见图8-1-1)。

图8-1-1 损伤部位比例

网球中的运动损伤的原因可归纳为以下几个方面:

(一)过度疲劳

比赛或训练运动过量会使肌肉、神经系统处于过度紧张状态,让身体长期承受较大压力;比赛或训练打球过频则会让身体来不及恢复,进而导致肌肉关节、技术动作和精神状态出现一系列问题。

(二) 技术动作不合理

球员甚至职业球员的技术动作、动力链条或多或少也都存在缺陷,长时间的不合理的技术动作容易导致手腕、肘部和腰腹受伤。

(三) 准备活动不充分

缺乏充分的准备活动,很容易突发损伤。

(四) 装备不合适

打球时选择一把适合自己的球拍非常重要,不合适的球拍的重量、硬度、平衡点分布、握柄尺寸、拍线及穿线磅数,这些都可能是导致伤病的诱因。网球运动对步法要求很高,需要急跑急停,频繁地向各个方向移动,穿的鞋子要具备良好的减震性、包裹性和支撑性,而其他球鞋很难适应打网球的需要。不合适的球鞋也是造成伤病不容忽视的诱因。

二、常见的运动损伤种类

网球运动因为没有身体接触,受到的伤害程度也许不如拳击、足球等那么严重,但无论是从小得不起眼却很麻烦的水泡,到需要人长时间照料的严重扭伤,都不同程度地影响着网球爱好者对该项目的参与,较严重的伤害甚至会影响个体的健康并给生活带来不便。每一位参与网球运动的人都应重视运动损伤的预防,把运动损伤的发生降低到最低程度。

(一) 擦伤(见图 8-1-2)

擦伤可能是你最常遇到的伤害,擦伤只是皮肤表层擦破,可用消毒水清洁患部,再以无粘性的绷带包扎即可。如果擦伤处不渗出液体,让它外露,伤口会很快结疤。

(二) 水泡

皮肤下面长出的瘀水小水泡,通常发生在手上和脚上,是因湿气、压力和摩擦力所造成,可以带上绒布缠拍柄,或在球拍柄上拍粉,这样可以避免手心流汗。如有必要,用一根消过毒的针刺破水泡,再用纱布包住这个部位以防进一步摩擦。

图 8-1-2 擦伤

(三) 扭伤

网球运动有时需要做大幅度的动作,这可能会导致关节受伤。一般而言,当关节受到压力作用时会产生扭伤,但如果其力度超过关节移动范围时还会伤及韧带。踝关节内翻是网球运动中较常见的现象。起因可能是穿不适合场地地面的球鞋、急速变向、场地湿滑摔倒、脚踩到球等。

(四) 跟腱炎

原因是跟腱负荷太重、足部韧带脆弱、击球时脚的位置不正确、鞋子不合适(多是鞋子太大)、网球场地面坚硬等。预防和治疗要做到,在网球运动前充分做好热身活动和伸展运动,挑选合适的鞋子,检查击球时脚的位置的正确性。患病后,可用冰块按摩或使用消炎注射剂,包扎医疗绷带等方法。

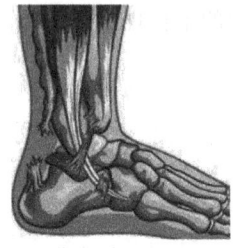

图 8-1-3 跟腱断裂

(五)跟腱断裂

原因多是突然发力或剧烈运动时急停、变向,跟腱韧带劳累过度等造成。症状可表现为足部表面无异常现象但有剧烈撕裂疼痛。紧急措施是快速用冰块冷敷受伤部位,固定踝关节,抬高患肢,求助医生。预防是充分做好热身活动(见图 8-1-3)。

(六)腰疼

原因是脊柱负荷过重,腰部肌肉紧张过度,脊柱出现畸形或椎间盘突出。症状是腰部僵直、有刺痛,脊柱突出,以至大腿失去知觉,肌肉无力。措施是停止运动,热敷及按摩疼痛部位,去医院治疗。预防方法是经常加强肌肉锻炼,增强腹部和背部的肌肉力量,建立身体肌肉平衡。

(七)网球肘

肱骨外上髁炎又称网球肘,是骨科的一种常见疾病。网球肘疾病的本质是肱骨外上髁部伸肌总腱的慢性损伤性肌筋膜炎。腕部持重或活动过度与发病有直接关系。网球运动中多是动作不正确或是球拍过重、多次重复造成的前臂肌肉紧张过度。症状是肘部痛,从而转化为整个手臂疼。治疗措施是停止运动,用按摩、缠绷带固定肘关节,进行必要的休息。预防方法是增加臂力练习、纠正错误动作、选择合适重量的球拍等(见图 8-1-4)。

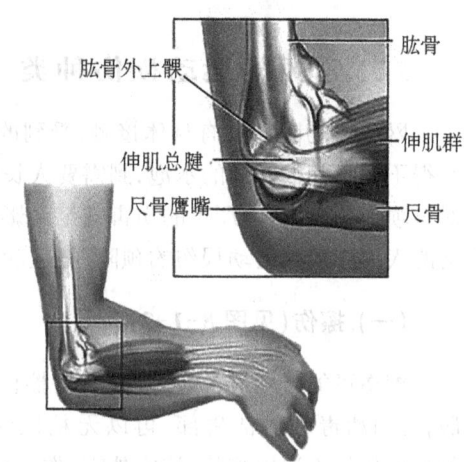

图 8-1-4 肘关节关节和肌肉

(八)肩关节疼

原因是肩关节的肌肉、韧带、关节囊等负荷过大,多是由于发球、高压球用力过猛造成的。症状是肩关节在发球、抽球、高压球等时出现疼痛。措施是停止运动,短时间固定肩关节。预防和治疗是加强肩部肌肉的练习,做好准备活动,完善发球、击球、高压球的技术动作。

(九)肌肉痉挛

肌肉痉挛是指肌肉突然、不自主地强直收缩的现象,会造成肌肉僵硬、疼痛难忍。是体力不支、天气太冷而引起的肌肉僵直,或者天气太热、出汗过多而使盐分损失过多所致。症状是痉挛部位的肌肉突然伴有疼痛和无法控制的僵硬感。紧急措施是通常向相反的方向牵引痉挛的肌肉,使之拉长,一般疼痛都可以得到缓解。处理时要注意保暖,牵引用力要均匀,切忌暴力,以免造成肌肉的拉伤。肌肉痉挛的预防是要加强身体的锻炼,提高耐力为主的身体素质;运动前,必须认真做好准备活动,对容易发生痉挛的肌肉可先做适当的按摩,不可突然进行的用力动作;在高温或进行长时间剧烈运动时,应及时补充电解质,身体疲劳时,应有充分的休息再进行运动。

(十)肌肉拉伤

是肌肉在运动中急剧收缩或过度牵拉引起的损伤。在发球、高压球及正反手击球时都有可能造成肌肉拉伤。网球活动时腿部、躯干及手臂肌肉是容易拉伤的部位。肌肉拉伤后,拉伤部位剧痛,用手可摸到肌肉紧张形成的索条状硬块,触疼明显,局部肿胀或皮下出血,活动明显受到限制。肌肉拉伤后,要立即进行冷处理——用冷水冲局部或用毛巾包裹冰决冷敷,然后用绷带适当用力包裹损伤部位,防止肿胀。要放松损伤部位肌肉并抬高伤肢,可服用一些止疼、止血类药物。一般是24小时后,根据伤情,可外贴活血和消肿胀膏药,可适当热敷或用较轻的手法对损伤局部进行按摩。预防方法是运动前要做好准备活动,准备活动可以升高体温,降低肌肉的粘滞度,放松肌肉,使肌肉达到运动所需的状态。运动中更要根据自身的情况合理用力,避免猛力击球,做到量力而行。

(十一)膝关节疼

原因是膝关节韧带紧张过度,比赛地面坚硬,先天膝关节脆弱等造成。症状是紧张剧烈运动或负荷过重时疼痛,伴有水肿。预防和治疗是做好充分准备活动、加强关节力量练习、做到技术动作正确、少做变向跑、选合适的鞋子、戴护膝等。

(十二)中暑

一般在35℃以上的高温环境中,人们极易中暑。轻微的中暑,会导致头疼、头昏、恶心乏力,若不采取保护措施,病情继续发展,就会大量脱水,症状会进一步加重,导致极度乏力、反应迟钝、萎靡不振,更严重的就会出现脑水肿、昏迷、全身痉挛、抽风,直至死亡。治疗是迅速把病人抬到通风阴凉处,仰卧头高位,安静休息,解开衣服;用凉水擦浴,电风扇吹风,头部和心前区放置冰袋等;清醒者可饮大量含盐的清凉饮料,或静脉滴注葡萄糖生理盐水;如果出现有心力衰竭者、有呼吸困难者、有皮下出血者、有全身皮肤发黄者、有昏迷者均应该马上送医院进行急救,切勿耽误病情。预防方法是避免在高温下长时间运动,注意休息并定时补充水分。

(十三)球场上容易发生的意外事故

相对许多其他体育项目,网球运动是比较安全的一个运动项目,但网球场上依然常常可能发生一些意外,如果我们注意到了,这些意外还是能避免的。

1. 拣球被球击中

切记一点,当别人还未停止这个球的来回练习时,一定不要跑进那个场地,不仅仅出于礼貌,更重要的是保护你自己,或者是保护你的眼睛。

2. 击球时被自己球拍击中

由于挥拍动作不正确,尤其是正手击球时没有做到左手接拍、手臂挥舞太多等原因,造成拍头击到自己眉骨、鼻梁等脸部位,发球随挥时击到膝盖等。解决办法是要做完整正确的动作。

3. 踩在球上

许多网球爱好者扭脚,有部分的人是因为脚踩在球上。所以切记,一定要保证在你击球的周围地上没有球在。

4. 撞到场地边的硬物或他人

积极跑动时一定要看清楚周围的环境,如果有危险,就放弃这一球。避免撞到球场围网或他人。

第二节 网球运动损伤预防

一、做好充分的热身

准备活动的目的就是通过一定的活动来提高中枢神经的兴奋性,使身体在进入剧烈运动以前,在心理和生理上作好充分的准备,主要是增强肌肉的活动能力、弹性和机械耐力,动员各器官的功能,以适应剧烈运动的需要。在做准备活动时,要循序渐进。可结合慢跑,活动关节和肌肉动态牵拉,全身感到发热,微微出汗为宜。使身体在进入剧烈运动以前,增强肌肉的活动能力、韧带的弹性和伸缩幅度,动员各器官的功能。只有做好充分的准备活动,才能有效的避免运动损伤的发生。

二、掌握正确的网球技术

网球运动的技术动作经过数百年的不断改进和发展,已趋于科学、合理和成熟,基本符合人体的生理学和形态学特征。而对于初学者,错误的技术动作往往给身体某部分器官加重运动负荷,当负荷超越了身体所能承受的限度,就会出现损伤。初学者最好在教师指导下循序渐进,由易到难逐步进行练习,练习强度不宜过大,以便最大限度地保护肘关节和肌体的安全。

三、增强自我保护意识

网球运动者要充分认识身体损伤所带来的后果,充分了解和掌握预防身体损伤基本知识和方法,认识到做准备活动的重要性。发现身体损伤后应及时休息和治疗。此外,运动时的衣服要舒适、易洗,运动时的网球鞋必须合适脚的大小,并与地面的支撑面较合理。运动过程中,要随时注意自我保护,如跳起击球落地时要曲膝缓冲,以防挫伤膝关节。

图 8-2-1 加强关节肌肉力量

四、努力提高身体素质水平

网球运动要求参与者具备良好的速度、力量、灵活和柔韧等多方面的综合素质。没有良好的身体素质,就不可能有好的技术,也往往容易在激烈的网球运动中受伤。因此在发展网球专项素质的同时,还要充分加强一般身体训练。尤其要加强易发生损伤部位肌群的力量和关节、韧带的柔韧性练习(见图 8-2-1)。

第八章 网球运动常见损伤与预防

思考题

1. 举例说明三种以上常见损伤的原因及治疗方法。
2. 谈谈如何减少或避免球场上的意外事故。
3. 谈谈体育运动中如何避免中暑,如何救治中暑者。

第九章 网球运动营养与饮食

学习目标

1. 了解网球运动员需要的营养物质。
2. 理解网球运动员的功能特点及比赛时的营养补充。
3. 掌握运动时补水的时机。

第一节 营养的概念

人体为了生存和生活必须摄取食物,以维持生长发育、正常的物质代谢和生理机能等生命活动。摄取、消化、吸收和利用食物中的养料以维持生命活动的整个过程称为营养。食物中对机体有生理功效的成分称为营养素。人体所需要的营养素约有几十种,可分为七大类:蛋白质、脂肪、糖、矿物质、维生素、水和食物纤维。它们各有独特的营养功用,在机体代谢中又密切联系。糖、脂肪、蛋白质主要是供给机体热能。矿物质、维生素、水和食物纤维主要是调节生理机能。

营养和体育运动都是维持和促进人体健康的重要因素。营养是构成机体组织的物质基础,普通人只要日常膳食平衡即可(见图9-1-1)。体育运动是增强人体机能的有效手段,两者科学配合,可更有效促进身体发育,提高健康水平和运动成绩。只注意营养而缺乏体育运动,会使人

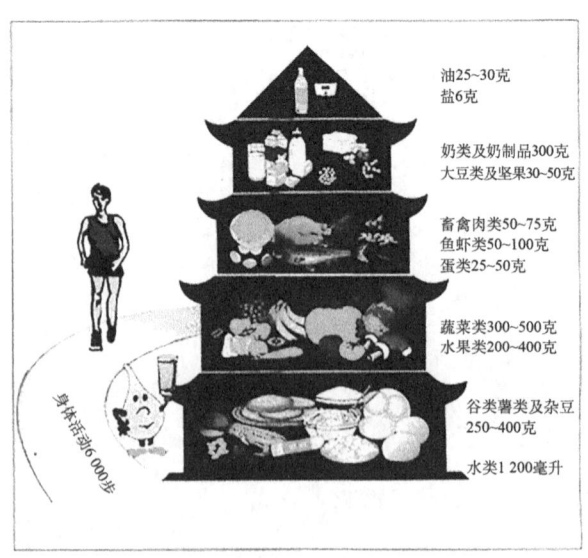

图9-1-1 中国居民平衡膳食宝塔(来源中国营养学会)

肌肉松弛、肥胖无力,机能降低;进行体育锻炼而缺乏必要的营养,体内消耗的物质能量得不到及时的补充,也会使人的机能减弱,并可促发营养缺乏症,影响健康。所以,要想获得良好的比赛成绩和锻炼效果,必须重视营养。

网球不仅是一项有氧与无氧相结合的复合型能量代谢体育运动,而且还是一项动作精细、技战术复杂多变、对抗激烈的全身性运动,对身体各机能要求非常严格,对营养的摄取也有一定的要求。合理的营养对提高运动员运动能力、创造优异的成绩和延缓、消除运动性疲劳都有着积极的作用,还有利于预防外伤发生,并且能够促进运动能力的恢复。

一、碳水化合物

由于训练及比赛过程中不断消耗能量,网球选手需要补充大量的碳水化合物。碳水化合物为肌肉提供能量,避免肌肉过早疲劳,从而提升选手的耐力。通常情况下网球选手会在一场比赛中消耗 500 到 1 500 大卡热量。那些专业的网球选手经常需要在锦标赛中打很多场比赛,因此通过进食含丰富碳水化合物的食物来补充能量是非常必要的。任何含碳水化合物的食物都可以为身体补充营养、纤维以及能量。复合碳水化合物含量较高的食物有:面条、米饭、面包、燕麦、土豆以及其他谷物。提供单一碳水化合物的食物如巧克力、含糖饮料等只应当是在紧急情况下摄入。

二、蛋白质

网球餐当中也需要包含丰富的蛋白质,因为蛋白质是促进肌肉合成的关键物质。蛋白质进入体内逐步分解为氨基酸,作为肌肉组织与血红蛋白等的构建基础。同时,蛋白质也能够帮助运动员缓解长时间比赛的疲劳感,并且有加快伤口愈合的作用。满足网球选手蛋白质需求的饮食,应当由 2 到 3 种提供蛋白质的食物组成。比如作为谷物餐的燕麦片,不仅提供 7 种维生素 B(维生素 B1、维生素 B2、维生素 B3、维生素 B6、维生素 B5、维生素 B7、维生素 B9),同时也能提供优质蛋白。其他高蛋白含量的食物有:豆类、鸡蛋、肉类(鸡肉、牛肉、猪肉等)、鱼类、奶酪、牛奶、酸奶等。

三、维生素与矿物质

蔬菜与水果是维生素、矿物质、抗氧化剂及其他营养的天然来源。健康的网球餐应当包含 3—5 份蔬菜以及 4 份水果。1 份相当于半碗烹饪过的蔬菜(比如菠菜、西红柿及其他)以及新鲜的蔬菜沙拉。而 1 份水果指的是半碗新鲜的诸如苹果、浆果、芒果之类的水果。

四、脂肪

脂肪可以帮助减缓碳水化合物的吸收,这意味着它可以帮助身体延长能量的供应时间。像网球比赛这样持续数小时的运动中,脂肪的摄入是必不可少的。有益的脂肪来源有:坚果(杏仁、花生)、牛奶、橄榄油、鱼和鸡蛋。理想的脂肪摄入量应当维持在日常卡路里摄入量的 15%。脂肪摄入过少会导致身体无法吸收那些溶于脂肪的维生素,比如维生素 E,而维生素 E

是重要的抗氧化剂。低脂肪的限制会排除掉很多食物,食物来源应当尽可能多元化。此外,由于脂肪有延长能量供应的作用,摄入量过低会降低选手的耐力,影响赛场上的表现。相反,摄入过多脂肪也会带来不健康的影响,最常见的就是心血管疾病。此外,过度摄入脂肪会导致反应迟缓。

第二节　网球比赛中运动员的能量供应特点及饮食营养原则

一场网球比赛要求在高强度的运动中持续数小时,网球选手需要具备良好的有氧和无氧能力以保证高水平的竞技状态。及时、有效的补充营养和恢复是保证运动员运动能力提高并取得成绩突破的重要因素。在网球训练和比赛中,运动员要不断地克服身体阻力和惯性,进行起动冲刺、急停、跳跃和频繁地完成各种各样挥拍击球的技术动作,这一切都要消耗人体的能量物质,若蛋白质消耗严重会出现肌纤维横断面积明显减少、专项运动能力下降等问题。为适应热环境,机体排汗量增加,造成机体水分和无机盐的不同程度的丢失。机体水盐代谢失调可引起机体运动能力下降、肌肉痉挛及心率失常等。因此,运动中和运动后及时补充水分和营养物质十分必要。

一、网球比赛的能量供应特点

从网球比赛整个过程来分析,这项运动属于混合性供能,短时主要是以磷酸原(ATP-CP)供能系统为主,当对手实力相当,持续时间加长时,糖酵解(乳酸能)供能系统也参与供能,运动间歇(局间休息、死球状态等)时主要是有氧代谢供能。

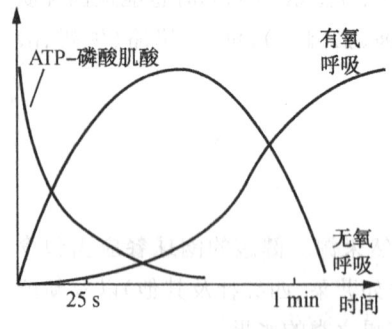

图 9-2-1　三个系统提供能量的相对值

二、能量供应的生理学基础

肌肉活动的能量直接来源是 ATP,把供 ATP 再合成的能源物质按无氧供能和有氧供能分成了三个系统,即磷酸原系统,乳酸能系统和有氧氧化系统(见图 9-2-1)。

磷酸原供能。在运动生物化学中,磷酸原主要指三磷酸腺甘(ATP)和磷酸肌酸(CP)。由 ATP 和 CP 为肌肉收缩提供能量常称为磷酸原供能(或 ATP-CP)。磷酸原供能的时间较短,在大强度运动中,维持 6—8 秒,但输出功率是最大的。

糖酵解供能。糖在无氧的条件下,分解成乳酸,同时释放能量的过程,常称为糖酵解,由糖酵解产生的能量,使肌肉做功,这种供能称为糖酵解供能。糖酵解供能的高峰期为 45 秒,输出功率仅次于磷酸原供能。

有氧氧化系统。ATP 再合成来自三大营养素的有氧氧化,在氧气充足的情况下生成大量能源,无导致疲劳副产物。有氧供能系统,分解放能速度较慢,能量输出功率最低。

随着网球比赛中力量、速度的不断发展,运动员在比赛中要取得较好的成绩必须具备良好的体能,保证各种动作的完成有充足的能量供应。网球比赛运动强度大,运动时间较短,组成的每一回合运动时间多是在 10 秒以内,运动后即刻心律高达 200 次/分,每争夺 1 分往返击拍的平均持续时间为 4—12 秒。10 秒内运动员要完成一系列的移动、抽击、截击等高强度技术动作,机体必须在短时间内利用高效率的供能系统,此时的能量来源主要是磷酸原(ATP-CP)供能系统。但是当对手实力相当时,每回合时间超过 10 秒,达到数十秒,如果运动强度大,此时的能量来源于磷酸原(ATP-CP)和糖酵解(乳酸能)供能系统,并造成乳酸堆积。在整场比赛中,ATP-CP 系统在每次提供能量后是没有足够时间得以完全恢复的,如果每次高功率负荷活动后的恢复时间少于 2 分钟,则后续的相应活动就需要依赖糖的无氧酵解提供能量再合成 ATP;若间隔时间超过 2 分钟,则以糖、脂肪的有氧氧化提供能量再合成 ATP。所以网球运动员要具有良好的有氧代谢能力,良好的有氧代谢能力是完成 3—4 小时的大运动量比赛的保证。

三、运动员比赛前的饮食营养补充

运动员应在比赛前一天晚上就开始进行有效的糖储备,赛前的用餐一般选用容易被消化和吸收的高碳水化合物食品,如米饭、面食、全麦麦片、新鲜水果蔬菜等,尽量避免进食高脂、高纤维食品。

比赛前如果体内有足够的糖原储备,赛前一餐应在比赛开始前大约 2—3 小时内完成,食用提供约 500—1 000 kcal 能量的体积小、重量轻、易消化的碳水化合物食物。以确保运动员在比赛时胃相对较空,而没有饥饿感。比赛开始前 1—1.5 小时,运动员应补充 400—500 ml 含盐运动饮料,确保机体中碳水化合物和水分达到最佳状态。

四、运动员比赛期间的饮食营养补充(见图 9-2-2)

比赛时间较长,能量消耗较大时,可中途摄取容易消化的半流食物;饥饿时可以补充香蕉(100 克香蕉中含有大约 22 克单糖、多糖,382 毫克钾,36 毫克镁)。比赛中大量出汗迫使机体需要摄入大量的水和电解质,特别是镁和钠。肌肉易于抽筋的选手应采取预防措施,在基本饮食中或在比赛前阶段准备含镁高食物和矿物质。

比赛时的饮料补给:

(1) 以 1:1 合成的水果汁(含维生素 C、钾以及大约 9%—12%的糖)和矿泉水的混合物。矿泉水中富含镁,含盐低。水果汁和矿泉水也可分开饮用。

(2) 各种电解质饮料。比赛中每隔 15—30 分钟补液 100—300 毫升,每小时不超过 800 毫升,补液量一般为出汗量的 1/3—1/2。

图 9-2-2 比赛期间补充香蕉

五、运动员比赛后的饮食营养补充

赛后饮食仍应是高糖、低脂肪、适量蛋白质的易消化食物。运动员体内水和电解质大量流失,需要及时补充富含矿物质的水或饮料。运动后出现疲劳,机体内大量自由基生成,导致细胞

膜脂质过氧化损伤,因此要补充抗氧化性质的天然食物。此时饮食营养安排措施为(见图 9-2-3):

(1) 运动后体重每下降 1 公斤补液 1 升。

(2) 以高碳水化合物饮食为主(土豆、大米、面条),使肌糖元较快恢复。

(3) 摄入适量的蛋白质,相应地减少脂肪的摄入(可食用去脂奶制品、低脂肉类)。

(4) 增加体内的碱储备。

图 9-2-3 多食用新鲜的水果蔬菜

第三节 网球爱好者参与网球运动的营养与补充

网球作为一种良好的全身性运动,成为越来越多青年人休闲、娱乐、健身的形式。网球运动有助于改进身体形态和机能,有助于培养人的灵敏性和协调性。但是,为了更好地促进锻炼,顺利完成不同技术要求的动作,也必须注意科学的营养补充。

一、初练网球时的饮食要求

开始学习网球时,主要以技术学习为主,运动量和强度不会太大,一般无需专门额外补充营养物质,运动后可多吃新鲜水果、瓜类、各种蔬菜及豆制品等,这些碱性食品有助于恢复疲劳。待掌握一定技术后,如果跑动多,体力消耗大,可多摄取肉类、鱼类、豆类等富含蛋白质的食物,蛋白质是增强体力不可缺少的营养素。同时多摄取碳水化合物,例如米饭、面条、馒头等。碳水化合物一经摄入,能很快转化为能量。糖类的摄取要控制,过多摄入糖类就会在体内变成脂肪,有碍于你塑造良好的体形。

二、肥胖体质的锻炼者营养要求

脂肪是人体不可缺少的成分,在人体的生命运动和体育活动中起着重要的生理作用(见表 9-3-1)。体脂要适当,一旦体内的脂肪堆积数量大于身体重量的正常比例,就意味着你已步入肥胖者的行列。肥胖会造成器官功能和代谢的障碍,并诱发出许多慢性疾病。

表 9-3-1 不同年龄男女的体脂率含量

	年龄	偏瘦	标准 (健康型)	标准 (警戒型)	轻度肥胖	重度肥胖
男性	18—39 岁	5%—10%	11%—16%	17%—21%	22%—26%	27%—45%
	40—59 岁	5%—11%	12%—17%	18%—22%	23%—27%	28%—45%
	60 岁以上	5%—13%	14%—19%	20%—24%	25%—29%	30%—45%
女性	18—39 岁	5%—20%	21%—27%	28%—34%	35%—39%	40%—45%
	40—59 岁	5%—21%	22%—28%	29%—35%	36%—40%	41%—45%
	60 岁以上	5%—22%	23%—29%	30%—36%	37%—41%	42%—45%

人们通常依据脂肪含量与体重的比例来决定是否肥胖,其标准值是:男性脂肪含量超过体重的25%,女性超过30%,就说明他或她是肥胖者。研究发现,肥胖还与饮食、运动、心理、社会、文化等环境因素有关。其中,导致肥胖的主要原因是缺乏锻炼,而不是饮食及其他。身体肥胖的人通常吃得并不多,往往比其他人吃得要少,但是,他们活动却相当少。缺乏锻炼或活动少是造成身体肥胖的主要原因。肥胖体质的人开始打网球,应摄取脂质少的植物性蛋白质补充体能。因为从蛋白质的营养价值看,虽然植物性蛋白质总体上比动物性蛋白质低,但最适宜用来控制人体脂肪。豆制品中含有充分的植物性蛋白质。

三、脂肪少的锻炼者饮食要求

身体偏瘦的人也许吃的并不少,但动得多。身体脂肪少的人,可稍多摄入肉类、鱼类等动物性蛋白质。动物性蛋白质的营养价值高,另外,富含脂质。但要特别注意的是,由于肉类食品中的胆固醇含量高,所以不要摄取过量。

四、想强化肌肉、增加体能的锻炼者饮食要求

对于想通过打网球来强化肌肉、增加体能的人来说,身体需要较多蛋白质的补充,尤其是动物性蛋白质,而其中易于被消化吸收的牛肉最佳。多吃铁质和钙质多的食物,瘦牛肉、猪肉、羊肉、鸡、鸭、鱼及海鲜等富含铁质,牛奶、骨头汤、各种豆类及豆制品富含钙质。

第四节 网球运动与补水

水的营养功用非常大。水是机体的重要成分,水占成人体重的50%—70%,所有组织都含有水,如血液含水90%,肌肉含水70%,骨骼含水22%。水参与物质代谢的过程,水是良好的溶剂,食物的消化、吸收、生物氧化以及排泄都需要水。水的比热大,在体内使体温保持稳定。水的蒸发散热(排汗)是调节体温的一种重要方式,蒸发1克水可散热0.54千卡。水的流动性大,在体内形成体液循环,运输物质。水可以保持腺体正常分泌。

正常情况下,体内水分的出入量是平衡的。体内不储存多余的水分,也不能缺水。多余的水分排出体外,缺水若不及时补充,就会影响机体机能。摄入水分不足或排出水分过多(出汗、腹泻等)时,可使机体失水,进而影响人体生理机能(见表9-4-1)。

表9-4-1 失水对机能的影响

失水程度	机能影响
2%	强烈口渴,不适感,食欲下降,尿少
4%	不适感加重,运动能力下降20%—30%
6%	全身乏力,无尿
8%	烦躁,体温和脉搏增高,血压下降,循环衰竭以至死亡

在网球运动中,影响体液丢失的因素包括环境的温度、湿度、运动的强度、适应环境的能力、

体型的大小、服装和排汗量等。

一名运动者怎样才能知道他的饮水量是否足够？

通过尿液颜色检查，正常的尿液应该经常呈稻草色且量大，如色黄则可能失水。

图 9-4-1　比赛休息间隙应及时补水

体重检查，如运动前后体重变化大，则代表体液丢失大。

运动中或运动后，捏住手背皮肤检查。一旦松开手，皮肤很快恢复，则代表正常；如果皮肤保持在被捏时的状态达数秒钟或更长的时间，则代表缺水。

轻微的失水能破坏运动员的能量供应并降低运动水平的发挥。在某些情况下，口渴的感觉可能是失水的一种征兆，不要等到口渴才补水，及时定量的补水是必要的，在练习和比赛前后及其过程中都应喝水（见图 9-4-1）。

思考题

1. 结合自身情况，谈合理营养的重要性。
2. 简述网球比赛中运动员的能量供应特点及赛间补充营养特点。
3. 为什么经常见到运动员在比赛间隙吃香蕉？
4. 如何判定一个人运动中缺水？如何补水？

附 录

一、网球中英文对照表

1. 场地器械用语

网球场	tennis court	前场	fore court
硬地球场	hard court	后场	back court
土地球场	clay court	中场	mid-court
红土球场	red clay court	左发球区	left service court
草地球场	grass court	右发球区	right service court
水泥球场	concrete court	中点	center mark
毯式球场	carpet court	鹰眼	hawk-eye
塑胶球场	synthetic court	单打场地	singles court
沥青球场	asphalt court	双打场地	doubles court
固定物	permanent fixtures	网球	tennis ball
记分牌	scoreboard	球拍	racquet, racket
发球线	service line	拍颈	throat
中线	center line	拍面	racket face
双打边线	doubles side line	中拍面	midsize
单打边线	singles side line	大拍面	oversize
端线(底线)	base line	拍柄	grip
挡网	back and side stops	拍柄尺寸	grip size
看台	stand	发球器	ball machines
网	net	网球墙	tennis wall
网柱	net post	穿弦机	tennis stringer
单打支柱	single net post	推水器	court squeegee
球网白边	band	避震器	vibration dampening device
球网中带	strap	网球鞋	tennis shoes
单、双打边线间地带	alley	网球裙	skirt
甜点	sweet spot	力量级别	power
网球帽	cap	旋转速度	spin speed

(续表)

拍弦	string	控制	control
拍弦的磅数	tension	拍弦类型	string pattern
击球类型	stroke style	竖穿弦	mains
硬度	stiffness	球拍长度	length
平衡点	balance	材料构成	composition
横穿弦	crosses	碳纤维	graphite
拍头尺寸	head size	钛金属	titaniom
拍框厚度	construction	玻璃纤维	fiberglass
拍框	frame		

2. 比赛和裁判用语

发球员	server	分	point
接球员	receiver	局	game
接发球	receive	盘	set
发球次序	order of service	计分	match
接发球次序	order of receiving	0	love
第一发球	first service	15	fifteen
第二发球	second service	30	thirty(30)
上手发球	overhand service	40	forty(40)
长盘制	advantage set	平分	deuce
球落点	placement	发球方占先	advantage server
挑边	toss	接发球方占先	advantage for receiver
热身	warm up	领先	lead
时间到	time	平局决胜	tiebreak
准备比赛	ready	比赛结束	finish
比赛开始	play	出界	out
轮	round	界内	in
三盘两胜制	best of three	压线球	ball falls on line
五盘三胜	best of five	擦网	net
预赛	qualifying matches	四分之一决赛	quarterfinals
第一轮	the first round	决赛	final
半决赛	semifinals	延期比赛	postpone
重发球	let	暂停比赛	suspension
发球失误	fault	弃权	default

(续表)

双误	double fault	罚分	point penalty
脚误	foot fault	活球期	ball in play
重赛	replay	取消比赛资格	disqualify
发球无效	the let in service	妨碍(干扰)	hinder
两跳	not up	发球直接得分	ace
技术犯规	foul shot	盘点	set point
球过网	over the net	赛点	match point
球穿网	through	发球失误	fault
更正	correction	手势	hands signal
改判	overrule	得分	to win point
没看见	unsighted	警告	warning
中断比赛	interruption	休息时间	rest period
失分	to lose point	更换新球	ball change
摔球拍	abuse of racquet	双局数	an even number of game
罚分	point penalty	单局数	an add number of game
意外干扰	invasion	交换发球	change service
身体触网	body touch	正选选手	main draw players
混双	mixed doubles	准备	ready
交换场地:	change sides	名次	ranking
种子选手	seeded players	司网裁判	net, cord judge
轮空	bye	球童	ball boy (ball kids)
比赛开始前弃权	withdraw	国际排名	international ranking
比赛中弃权	retired	赛制	tournament systems
比赛开始	play ball	淘汰制	elimination system
主裁判	chair umpire	国内排名	national ranking
司线员	linesmen	循环赛制	singles round robin

3. 技术用语

握拍法	grip	双手	double handed
东方式握拍	eastern grip	旋转	spin
大陆式握拍	continental grip	上旋	top spin
西方式握拍	western grip	下旋	Back spin
下手发球	underhand service	平击	flat
换球	ball change	正手	forehand

(续表)

抛球	toss	反手	backhand
步法	foot work	正手上旋球	forehand top spin
击球点	contact point	正手下旋球	forehand back spin
随挥	finish	反手上旋球	backhand top spin
球感	ball sense	反手下旋球	backhand back spin
截击、拦网	volley	直线球	down the line shot
放小球	drop-shot	落地球	ground ball
深球	deep ball	斜线球	crosscourt shot
反弹球	half-volley	削球	slice
高压球	overhead smash	发球	service, serve
挑高球	lob	侧旋球	slice
防御性	defensive	平击球	flat
进攻性	offensive	进攻	offense
击落地球	ground stroke	防守	defense
攻击球	forcing shot	抽球	drive
转体	nip rotation	关闭试站位	closed stance
拍面角度	vertical face	开放式站位	open stance
上网型球员	net player	底线型球员	base-line player

4. 国际网球组织和赛事用语

国际网球联合会	International Tennis Federation (ITF)		
国际男子职业网球协会	Association of Tennis Professionals (ATP)		
国际女子职业网球协会	Women's Tennis Association (WTA)		
温布尔登网球锦标赛	Wimblendon Champions	美国公开赛	U. S. Open
法国网球公开赛	French Open	澳大利亚网球公开赛	Austria Open
戴维斯杯	Davis Cup	联合会杯	Federation Cup
霍普曼杯	Huopuman Cup	超九赛	Super 9.
大满贯	Grand	锦标赛	championship
金满贯	Gold Grand	卫星赛	satellite
元老赛	veterans match	青少年赛	junior match
表演赛	exhibition	公开赛	open
友谊赛	friendly match	资格赛	qualifying competition
正选赛	main draw match	外围赛	qualifier match
挑战赛	challenger	希望赛	futures
邀请赛	invitational match		

二、当今世界流行等级体系

ITN 级别	总体	发球	接发球	底线	网前	穿越
1级	有ATP/WTA排名；有能力参加世界各级别的职业巡回赛，并主要以此为生；拥有职业比赛的经验。					
2级	能找到对手的弱点；灵活使用各种打法和战术，能在压力下处理球；通常在国内排名靠前。	拥有制胜的第一和第二发球；发球能起到抑制对手进攻。	无论接第一还是第二发球都有一定的进攻性；可以从对手的抛球、身体语言等判断发球的方向、旋转。	在压力下底线回球稳定；无论进攻还是防守能有效处理底线球；熟练掌握上旋、平击、下旋等击球方式。	会发球和随球上网；网前动作稳定，网球空间感好，截击能打出角度和深度；正手高压杀球不失误；反手高压很稳定。	掌握正反手穿越和接发球穿越；能连续击出穿越球。
3级	经常打出制胜球，击球持续和稳定性高；比赛中会分析，当第二发球疲弱及回球过短时能抓住机会打出制胜球。	发球稳定；能根据对手弱点选择发球方向；会上旋、侧旋、平击等各种发球方式；第二发球能发深和加强旋转，使对手不好处理。	不用后退就能处理接发球；接发球深且有旋转。	正手强劲且稳定，有深度和旋转，能以此发动进攻；反手能经常打出有威胁的回球；灵活运动各种旋转，对球的方向和深度能自如控制。	能迅速随球上网；面对机会能打出制胜球；对于难处理的截击能将球推深；能打出各个角度的高压球；能很好处理半截击。	稳定而有效的穿越球；能打出进攻性的挑高球。
4级	能连续击球，打出有力量和旋转的球，开始控制步伐；用提前的预测和不错的步伐，掩盖自己的弱点；能很好处理很深的回球，开始根据对手的特点调整自己的战术；虽只能勉强回击难度高的来球，但第一发球有力量且精确；在双打中有很好的配合。	发球有威胁，尽管偶尔有些双发失误；能在发球中很好的使用力量和旋转，特别是在第一发球；第二发球深且稳定。	能经常击出进攻性的回发球；能完成切球上网和抽球上网；在双打比赛中可以较为成功地降低对方发球速度。	有防守能力的稳定的正手；有速度和旋转，通常能很好的控制球的深度，但在匆忙或压力的情况下会击球出界；对中等速度的来球给予进攻性的回击；反手通常能很好控制深度和角度，但在压力下会出现失误；削球不错。	随球上网的那拍能打出深度；可以连续正手截击；反手截击可控制方向和速度；连续截击和高压球直至一分结束；正逐步形成灵活的网前移动，但主要问题还是网前用力过猛。	能打出进攻和防守的挑高球；有一定的穿越成功率。
5级	不错的稳定性，正反手能打出不同角度和中等速度的拉力回球，但会因耐心欠缺在对拉中失误；挑高球，高压球，随球上网，截击都有一定的成功率。	一发二发都能发进有效区域；一发通常力量较大；会使用旋转。	防守型的接发球；能把接发球打深。	正手能击出中等速度的球并控制深度和方向，但在受压力情况下会失误；反手能处理中等速度的球；尝试使用旋转，或许会上旋和切球。	在击出有威胁球时上网；正手截击能控制深度和角度；反手截击通常没什么深度；尝试处理角度大或反弹低的截击；能回击过顶的球；能将球击至对手的弱点。	能在困难情况下打出防守挑高球；能以穿越球发动进攻。

F 网球

(续表)

ITN 级别	总体	发球	接发球	底线	网前	穿越
5级	有一定的球场覆盖面和战术意识,但离高级水平还有一定差距;有时出现接发球失误。					
6级	中等速度可控制方向的落地球,但没有深度和旋转的改变;在场地的覆盖面上前后移动是一个问题;双打中正在培养和别人配合。	发球开始有一定的控制和力量;尝试发球加入旋转。	对于中等速度的发球可控制接发球的方向。	正手能加入旋转和控制方向,打出中等速度的落地球;反手通常处于防守状态,对于过高和过快的来球有一定处理难度;反手只会抽击或削球。	在有机会的情况下,尝试随球上网;正反手可以进行防守式的截击;对脚边球和半截击不容易处理;可以拦住部分穿越球,网前有一定的步伐移动;处理一定范围内的挑高球。	能在跑动中打出挑高球;掌握基本穿越球的技术,但反手穿越还稳定。
7级	通常情况下可以以中等速度打出落地球,但在改变角度,尝试不同方向的落地球时力量和深度都不够;单打时基本在底线活动,双打时也会停留在底线而不上网。	尝试打出自己的节奏,但想发力时发球就不稳定;第二发球比第一发球慢很多。	回发球有一定的稳定性;通常把球回到中场。	底线可打出一些有角度的落地球,但打得不深;反手开始逐步稳定,但多把球回到中场。	正手可打出正确的截击动作,反手不行;很难处理低和角度大的截击球;在网前会失去位置,截击时身体摇摆。	能打出中等速度的挑高球,在接发球时会用挑高球代替抽球。
8级	学习对来球方向的判断,对球场的覆盖面仍需提高;和同样水平的选手对打能打出短的来回,但步伐移动比较慢;在双打中处于弱方。	尝试完整的发球动作;第一和第二发球没有差别;发球速度较慢,抛球不稳定。	可以回击速度不快,角度不偏的发球;回发球较短。	正手动作正在形成;有接球准备动作,回击中等速度难度不大的球;反手的握拍和准备都有问题,通常闪身正手代替反手击球。	只有在不得不上网时才上网(如救小球);网前仍需不断联系来提高自信;仍然不习惯在网球,而且总是用正手截击;可以碰到过顶球,但失误较多。	能打出挑高球,但很难控制;穿越球通常会打到对方手里。
9级	仍需要很多时间练习击球;能打出一些落地球,但同时弱点也很明显;熟悉单打和双打的站位,在双打中会选择两人同时站在底线;尝试打比赛和开始熟悉比赛规则。	发球动作不连贯;抛球缺乏稳定性;经常双发失误。	接发球仍不时出现不必要的失误;大部分情况下选择正手回发球。	正手挥拍动作不完整,没什么方向感;不愿意反手击球,反手击球问题明显(握拍,动作,击球点等)。	不会上网;只打正手截击,对过顶球不会处理。	不会挑高球;还不习惯打穿越球,通常只是将球回到对方手中。

(续表)

ITN 级别	总体	发球	接发球	底线	网前	穿越
10 级	开始在正规场地打网球,掌握基本的发球,击球要领。					
10.1 级	开始可以连续击球。					
10.2 级	掌握一些最基本的击球要领,能击球,但还没有来回。	初学者通常都在比较小的场地,用特殊的球和拍子练习击球。				
10.3 级	开始打网球,做一些与网球相关的联系。					

三、美国 NTRP 网球等级标准

		NTRP（National Tennis Rating Program）	
	1.0	特征:初学者(包括第一次打网球的人)。	
	1.5	特征:打球时间不长,还只顾得上把球来回打起来。	
初级水平	2.0	正手:挥拍动作不完整,不容易控制击球方向。	
		反手:不愿意用反手接球,偶尔接一下也感觉没有把握。	
		发球/接发球:发球动作不完整,抛球不稳定,经常双误;接发球容易失误。	
		网前:还没有主动上网的意识,不会用反手截击,网前脚步跟不上。	
		特征:虽然正、反手都有明显弱点,但已初步了解单、双打中的基本站位。	
	2.5	正手:动作有所改进,开始能够慢节奏对攻。	
		反手:握拍还有问题,击球准备不够早,喜欢用正手去接本该反手接的球。	
		发球/接发球:挥拍动作趋于完整,可以发出速度慢的好球,抛球仍不稳定;能接好速度不快的发球。	
		网前:网前感到不舒服,尤其是反手截击,经常用正手拍面打反手位截击。	
		特征:与水平相当的人能打出几个回合的慢速对攻,但还难以覆盖整个场地。能主动挑高球,但还不能控制球的高度和深度;能打到过顶球,但对能否打好没有把握。双打中还不会调整站位。	
	3.0	正手:有较好的稳定性,也基本能控制方向,但还缺乏击球深度。	
		反手:能提早准备,可以打出比较稳定的中速球。	
		发球/接发球:发球的节奏感开始出来了,但大力发球时稳定性差,二发明显慢于一发;接发球比较稳定。	
		网前:正手截击已经比较稳定,反手差一些,对低球和远身球还很头疼。	
		特征:已经能打出比较稳定的中速球,但并不是每一拍都很舒服。在控制击球的深度和力量时还显得力不从心。能挑出比较稳定的高球。双打中与同伴的战位组合基本上是一前一后,上网还不积极,网前攻击力也不强。	
中级水平	3.5	正手:能打出稳定而有变化的中速球,能很好地控制击球方向,上旋球水平提高。	
		反手:回中速球时能控制方向,但还处理不好高球、快球。	
		发球/接发球:开始能控制落点并加力,也能发出上旋球;能稳定地接中速发球并控制回球方向。	

(续表)

		NTRP (National Tennis Rating Program)
中级水平	3.5	网前:上网更积极,步伐正确,能截击部分远身球。正手截击稳定,反手还不理想。接对方的截击球还有困难。
		特征:对中速球的方向控制已经不错,但击球的深度和变化还不够。能在跑动中稳定地回击过顶球,开始能随球上网、放小球和打反弹球。二发基本能控制落点。双打中网前更积极,对场地的覆盖和与同伴的配合能力也在提高。
中高水平	4.0	正手:击球已经有相当的把握,回击中速球有深度,能对付难接的球。
		反手:能稳定地回击中速球,能加上旋,也有深度。
		发球/接发球:一发和二发都能控制落点,一发力量大,能带旋转发球;接发球稳定,极少出现主动失误;单打接发球有深度,双打接发球能根据需要而变化。
		网前:正手截击能够控制并有深度,反手截击有方向但缺乏深度,学会截击远身球和低网球。
		特征:已能打出有把握的中速正、反手边线球,也能控制击球的深度和方向。能够抓住机会或是对对手的弱点打出得分球。已经会使用挑高球、放小球和截击技术,而且其中有些球能够得分。发球偶尔也能直接得分。在多拍拉锯对攻中,可能会因为不够耐心而丢分。双打中能抢网,随球上网,也明显能够与同伴配合。水平达到这一级别的球员,在目前(中国)国内的业余网球赛中一般都能拿名次。
	4.5	正手:非常有把握,能充分使用速度和旋转,良好的深度控制,回击中速球有攻击力。
		反手:能控制方向和深度,但在受迫时会失误,回击中速球能加力。
		发球/接发球:发球有攻击力,能同时运用力量和旋转;二发能发到希望的位置,极少出现双误。能接好对手的大力发球;能抓住对方二发软的机会,打出有深度和落点的回球。
		网前:能连续截击对方的回球,步伐到位,反手截击能控制方向和深度,网前的力量使用能轻重结合。常犯错误还是拉拍动作过大。
		特征:能有意识地在打出有攻击力的落点球(如对方反手位)后随球上网,并靠连续的截击或高压球得分。击球速度加快,能避开自身弱点,但在处理难接的球时往往过于发力。比赛中能打出各种变化的球,开始针对不同对手来调整每盘的节奏;双打中网前能提早判断,回球更具进攻力,开始控制比赛节奏。
高级水平	5.0	正手:在大力击球时能控制方向、深度和旋转,落点准确,能利用正手取得进攻优势;也能根据需要打出轻球。
		反手:能打出稳定的进攻球,多数情况下能控制好方向和深度,并有不同的旋转。
		发球/接发球:能发到对方的弱点位置上,为进攻取得优势;能有把握地变化发球;二发能利用深度、旋转和落点使对手回球软,为自己下一拍做准备;接发球能控制好深度和旋转,并能根据情况选择大力进攻或减速。
		网前:截击有深度、速度和方向,难截的球也能打出深度;能抓住机会靠截击得分。
		特征:球员对来球能做出很好的提前判断,在比赛的关键球上经常有出色的表现并能拿下关键分。能够稳定地打出得分球,能救起小球和化解对方的截击球,也能成功地挑高球、放小球、打反弹球和高压球。能根据对手情况变化战术,双打中与同伴配合默契。随着经验的增加,不像4.5级球员那样容易败给自己;与5.5级的选手相比,输球更多是由于心理或体力原因。
	5.5	特征:力量和稳定性(或二者之一)已经成为该级别选手的主要武器。能根据对手的抛球、站位、拉拍等动作进行判断,为自己下一拍进攻提前准备。在激烈的比赛中能变化战术和风格,在紧急关头能打出有把握的球。

(续表)

\multicolumn{3}{c}{NTRP (National Tennis Rating Program)}
高级水平	6.0	特征：这一级别的选手一般在高中、大学期间就为参加国内(指美国)比赛而接受过强化训练，并在选拔赛或全国(指美国)比赛中拿过名次。
	7.0	特征：这已是国际级别的选手，他们参加国际大赛并以比赛奖金为收入来源。

四、中国网球协会网球运动技术等级标准

技术等级由高到低分为 10 级，即 CTN1 级、CTN2 级、CTN3 级、CTN4 级、CTN5 级、CTN6 级、CTN7 级、CTN8 级、CTN9 级和 CTN10 级。

等级	标准	阶段
CTN1 级 (国际 1 级)	此等级选手力量及连贯性好，在比赛环境中可作战术及风格变化，在压力环境下能可靠地击球，具有参加国际职业比赛的丰富经验。	顶级阶段
CTN2 级 (国际 2 级)	此等级选手力量和稳定性好，并擅长在比赛中变换策略和打法，具备参加 ITF 职业巡回赛的能力。	高级阶段
CTN3 级 (国际 3 级)	此等级选手在比赛中对击球有良好的预见能力及突出的击球能力，尽量避免击球失误并能取得胜利。能够处理好网前截击球、高球、中场截击球、高压球，发球稳定多变。	
CTN4 级 (国际 4 级)	此等级选手可以很好地控制力量和旋转球，并开始处理步伐，能控制击球深度，并根据对手情况变换战术。可大力击出一发并准确控制二发。双打比赛中网前具有攻击性。	
CTN5 级 (国际 5 级)	此等级选手具备可靠的击球能力，包括对控球方向、击落地球和中度球的深度，还有击打高球的能力，高压球、网前击球、截击球较好。双打比赛协作能力明显。	中级阶段
CTN6 级 (国际 6 级)	此等级选手上网具有攻击性，对球场覆盖能力和击球的控制有所提高。需要加强双打能力练习。	
CTN7 级 (国际 7 级)	此等级选手中距离击球连贯，步伐和谐，但缺乏对击球方向、深度和力度的控制。	
CTN8 级 (国际 8 级)	此等级选手正在学习如何判断球路和短距离连续击球，但球场覆盖能力差。	初级阶段
CTN9 级 (国际 9 级)	此等级选手熟悉单打和双打比赛的基本规则，但是击球环节薄弱，需要更多的场上经验。	
CTN10 级 (国际 10 级)	刚刚入门的初学者。初步掌握发球、对打和得分，尚无比赛经验，需要不断坚持练习。	

参考文献

[1] 陶志翔.网球运动教程.北京:北京体育大学出版社,2007.
[2] 陈建强.网球学与练[M].上海:复旦大学出版社,2010.
[3] 应圣远,王加强,等.网球——普通高校体育选项课教材[M].北京:北京体育大学出版社,2002.
[4] 胡柏平,郭立亚.网球运动教程[M].北京:高等教育出版社,2017.
[5] 陈赢,陈海涛.网球运动教程[M].上海:华东师范大学出版社,2019.
[6] 陈建强,魏琳.网球教学与练习[M].上海:复旦大学出版社,2017.
[7] 赵赟,李杰,等.高校网球教程[M].上海:东华大学出版社,2021.
[8] 全国体育学院教材委员会.运动医学.北京:人民体育出版社,1990.
[9] 周海雄,祁兵,等.网球技战术训练手册.北京:人民体育出版社,2007.

图书在版编目(CIP)数据

网球/孔斌,张振主编. —上海：复旦大学出版社,2024.4(2025.7重印)
普通高校体育选项课系列教程
ISBN 978-7-309-17184-6

Ⅰ.①网…　Ⅱ.①孔…②张…　Ⅲ.①网球运动-高等学校-教材　Ⅳ.①G845.2

中国国家版本馆 CIP 数据核字(2024)第 017793 号

网球

孔　斌　张　振　主编
责任编辑/胡春丽

复旦大学出版社有限公司出版发行
上海市国权路 579 号　邮编：200433
网址：fupnet@fudanpress.com　http://www.fudanpress.com
门市零售：86-21-65102580　团体订购：86-21-65104505
出版部电话：86-21-65642845
江苏凤凰数码印务有限公司

开本 787 毫米×1092 毫米　1/16　印张 13.75　字数 361 千字
2025 年 7 月第 1 版第 2 次印刷

ISBN 978-7-309-17184-6/G·2561
定价：90.00 元

如有印装质量问题,请向复旦大学出版社有限公司出版部调换。
版权所有　侵权必究